新装版

「わたしはすばらしい」と毎日ノートに書きなさい

河村京子

あさ出版

本書は２００８年11月に刊行された
同名の書籍の新装版です。

はじめに

不幸せ
←
幸せ

皆さんは、この矢印「←」に当たるもの、つまり「不幸せ」を「幸せ」に変えるものって、いったい何だと思われますか。「夢」や「願望」を「現実」に変えるもの、と考えていただいてもけっこうです。

この矢印は、いわゆる成功法則と呼ばれるものです。

ですから、答えは、一つではありません。

でも、私がこの本でお教えするのは、とても簡単な方法です。

そして、女性の皆さんは、きっと大好きな方法だと思います。
もしかしたら、それに近いことを無意識のうちにやっているかもしれませんね。
では、まず、あなたがお気に入りのノートを用意してください。
可愛いノート、キャラクターがあしらわれたノート、高級感のあるノート……
どんなノートでもけっこうです。
そして、あなたがお気に入りのペン。
色は何色でも、かまいません。
あなたが好きなペンを用意してください。

そして、毎晩、寝る前に、あなたがお気に入りのノートに、あなたがお気に入りのペンで、素敵な言葉を書いてみましょう。

たった、これだけです。
すごく簡単だと思いませんか。

でも、そうすると、あなたの「不幸せ」が「幸せ」に変わっていきます。
「夢」や「願望」が「現実」に変わっていきます。
たとえば、このような具合に、です。

両親との確執、夫との不和、夫の借金、生活苦

↓

フランスや中国をはじめ国際的にも高く評価されているエステティシャン
神戸の一等地でエステティックサロン八店舗を経営
日本を代表する美容会社数社の顧問

恥ずかしながら、これは、私のプロフィールです。
十代、二十代の暗く、出口の見えない日々を明るく変えたもの、それが、この一冊のノートと一本のペンを使った習慣でした。

その後、この方法を、お客様やお店のスタッフ、講演先や研修先でお会いする若い女性たちに、お伝えしたところ、

「毎日が楽しくなりました」

「お肌がすごくきれいになりました」

「夢がかないました」

など、私自身びっくりするほど、多くの感謝の言葉をいただきました。

では、実際、ノートにどのような言葉を書いていけばいいのか——その方法をこれからお伝えしていきたいと思います。


なお、本書のなかには、ノート風のページが印刷されています。もし、

「本を読んでもなかなか実行できなくて」

という方がいらっしゃれば、読みながらでもかまいません。

お気に入りのペンで、ページのなかに、どんどん素敵な言葉を書き込んでいってください。それだけで大きな効果を実感できるはずです。

本書によって、読者の皆様の毎日がより明るくなり、そして、皆様が真に美しい女性になられることを、心より願っています。

河村京子

第1章

「わたしはすばらしい」と毎日ノートに書きましょう

Contents

第2章

ノートに書く前に、知っておいてほしいこと

～仕事について

Contents

第3章 ノートに書く前に、知っておいてほしいこと ～女性の生き方について

第1章

「わたしはすばらしい」と毎日ノートに書きましょう

「私はキレイ!」

「どうして私に似ないで、ブサイクなのかしら」

小さい頃、私は、母にそのように言われて育ちました。

子ども心にも、

「そうなんだ。私はブサイクなんだ」

と思ったことを、よく覚えています。

ひどい母親だと思わないでください。おそらく母に悪気はなかったと思います。今思えば、土地柄のせいもあったのでしょう。このような、ちょっと乱暴な言葉づかいは、ごくごく自然なものだったのです。

ですが、言葉というものは、一種の呪文のようなものだと私は思います。

そして、この呪文は小学生から高校生ぐらいまで、ずっと〝効いていました〟。

周りからも言われ、私自身もそう思っていましたから、誰も否定する人がいません。否定する人がいない以上、いったん動き出した心というのは、物理学の「慣性の法則」のように、どこまでもそのまま転がっていきました。

転機が訪れたのは、高校を卒業して就職してからでした。

化粧品会社の美容部員として働きはじめた私の仕事は、デパートや化粧品店での化粧品販売でした。私自身がある程度キレイでないと、お客様に対してまったく〝説得力〟がありません。

ですが、その頃の私のあだ名は〝チューセイ〟でした。

〝チューセイ〟って何だと思われますか。

正解は「中性」です。

まったく女っ気がなかったからでしょう。

当然のことながら、いっこうに販売成績は上がりません。

「これは何とかしなければならない」

私は焦りました。

不安と焦燥がつのるなか、私は、夜寝る前に一人で自分に言い聞かせました。
それが、

「私はキレイ」

という言葉でした。
そのように言うと、なぜか自分がキレイになった気がしたのです。
そして、頭のなかで想像しました。

「私が街を歩いていると、颯爽としたファッションと、きれいな肌を見て、すれ違う人が皆振り返る。私は、人から見られている。注目されているということは、こんなに気持ちがいいものなんだ。男性からもつぎつぎと声をかけられ、女性は、私のあまりのキレイさに、皆友達になりたいと言ってくる。キレイというだけで、ああ、なんと人生はバラ色に輝くのだろう」

本に書くのもおこがましい内容ですが、そんな光景をよく想像しました。

そうしたことを想像すると、つらい気持ちが、和らいでいったのです。一種の現実逃避だったとも言えるでしょう。

ところで、「自分が美人になった様子を想像する」という行為はひじょうに大切です。

近年、脳科学の研究が発展していることを皆様もご存じだと思います。想像やイメージというのは、脳の右半分である右脳が担当しているそうです。

そして、右脳は「実際に起こったこと」と「イメージや想像上のこと」の区別がついていないということが明らかになってきたのです。

つまり、自分の思い描く、イメージや想像を、あなたの脳は「これは現実だ。これは現在の自分なんだ」と認識して、勝手に〝幸せな感情〟に満たされてしまうのです。

「私はキレイ」

この一言が、その後の私の人生を大きく変化させていくきっかけとなりました。

まずは3カ月つづける

「私はキレイ」

と言いはじめて〝三カ月〟ぐらいたった頃のことです。同僚の美容部員が、

「京子ちゃん、最近キレイになったね！」

と声をかけてくれました。私はビックリしました。

生まれてこのかた一九年間、キレイだなんて一度も言われたことがありません。

胸の奥がジンとしたことを今でもよく覚えています。

なぜ、急にそんなことを言われるようになったのか。思い当たることと言えば、たくさんの友達に囲まれて、「京子ちゃん、キレイね」と言われているところを暇さえあればイメージしていたことくらいです。

「想像上のことが現実になるんだ」と、そのとき、私は思いました。

たった〝三カ月〟つづけただけで、同僚から「キレイね！」と言ってもらえた。もう少しつづけたら、もっとすごいことになるかもしれない――そう思った私は、それまで以上に、気持ちを込めて、「私はキレイ」と言いつづけるようになりました。

〝三カ月〟という期間は重要です。

日本の民間信仰に、お百度参りと言われるものがあります。

一〇〇日間つづけて、神社や寺に通い、自分の念願を成就させようとすることです。願いをかなえたり、自分の思考習慣を変えたりするのには、これぐらいの期間が必要だということを古代の日本人は経験上知っていたのかもしれません。

お百度参りは、口にするのは簡単ですが、行うのは大変です。

ですが、私は、「キレイになりたい」「お客様をキレイにして差し上げたい」という気持ちが人よりも強かったのでしょう。三カ月間、つづけることができたのです。

ちょうどその頃から、同僚からだけでなく、お客様からも声をかけられるようになりました。

「河村さんってキレイね。どうしたらそんなにキレイになれるの」

こうなればしめたもの。私の営業成績もどんどん上がっていきました。

三日坊主という言葉があります。

長つづきしない、という意味です。

「私って何でも飽きてしまうの。三日坊主なの」という人は多いと思います。

本来、「やらなければならない」と思っているのに、できない――そういう人には「言葉の力」と「イメージ力」の両方が不足しているのではないでしょうか。

近年、スポーツやビジネスの分野でもイメージトレーニングの重要性がうたわれていますが、なりたい自分を口にして想像する方法も一種のイメージトレーニングです。

ただ、この方法で注意してほしい点があります。それは、願いを映像で思い浮かべるのではなく〝そうなったときの感情〟を想像してほしいのです。

自分がキレイになったら、どんな気持ちになるでしょうか。

望む自分になれたら、どんなに毎日が楽しいでしょうか。

イメージとともに感情まで想像すると、脳がより幸せな感情で満たされます。

念願がかなう日時が早く訪れ、かなう確率も上がるはずです。

口に出すだけでなく、文字にする

現在のエステティックサロンを起業するときのことです。

それまでコンサルタントとしての経験は豊富にありましたが、実際に、自分で投資をしてお店を経営していく自信は、正直なところ、ありませんでした。

不安な気持ちにさいなまれていたとき、気持ちを抑えるためにしたことは、やはり、プラスの言葉を使うことでした。

しかし、以前と違ったのは、一冊のノートとペンを用意して、そこにプラスの言葉を書きはじめることでした。

「私の仕事は成功する。必ずうまくいく」

「お客様がたくさん来る」

「スタッフは明るく、元気でがんばっている」

実現したいことを、そばにあったノートに書き連ねていったのです。

つづけているうちに、不安で落ち着きのない気持ちがスーッとひいていきました。

おかげで、仕事に精一杯うちこむことができ、お店の経営を安定させることができました。

言葉を呪文のように唱えつづけることは大切です。さらに、それを実際に文字にして、目に焼き付けるとより効果があることを悟ったのです。

たとえば、あなたの予定の立て方を考えてみてください。

たぶん携帯電話や手帳をもっていて、そこに、スケジュールが書き込まれていると思います。明日は仕事の打ち合わせが十時からあり、明後日は休みで家族と共に過ごす、と書かれているかもしれません。

もし、そうしたことが書かれていなかったら、どうでしょうか。

一〇ぐらい予定があると、九までは覚えていても、一つぐらいは忘れるのではないでしょうか。

このように、書き留めておくという行為は、記憶をより一層確かなものとし、その後の行動を保証してくれるものなのです。

そこで、考えていただきたいのは、日々の予定はきっちりと手帳に書き留めてあるけれど、人生の夢や目標はどうか、ということです。

やはり人生の夢や目標も、書いておかなくてはなりません。

でないと、いつの間にか、忘れてしまうことになるでしょう。

一度忘れてしまった夢や目標は、相当のことがない限り、もう記憶には蘇ってきません。

夢や目標をかなえようと思えば、紙に書き、何度も反復して脳に記憶させる必要があるのです。

もちろん、日々の小さな予定をこなしていくことも大切です。

ですが、日々の小さな予定に追われてしまうと、人生の大きな目標を見失いがちになります。

自分の夢や目標をノートに書き連ねてみてください。

書いていくと、不思議なことに、どんどん昔の記憶が蘇ってくるはずです。

あれもしたい、これもしたい、こんな自分になりたい——。

書くという行為は、忘れていた記憶を取り戻し、夢や目標をより鮮明にさせてくれるのです。

用意するのはノート1冊、ペン1本

毎日、エステティシャンとして数十人の女性の肌を見ていますが、肌を見れば、その方の現在の生活の状態を知ることとできます。

「あなたは毎日、こんなものを食べていて、こういうときにイライラしていて、こんなスキンケアをしているのではありませんか」

と予想をつけてお話しすると、

「先生、占いでもされているのですか。はじめて会ったのにどうしてわかるのでしょう」

と皆驚かれます。

実は、皮膚ほど正直なものはありません。

とくに顔の皮膚は正直です。

顔の皮膚は一・五~二ミリの厚さで膝などのほぼ半分です。

薄い方が保護作用が弱く、刺激におかされやすいのは当然でしょう。ちなみに、顔のなかでもとくに薄いのは、目の周りや頬、口の周りの皮膚です。

顔の皮膚は、身体の他の部位に比べ薄いので、心や食べ物の習慣がそのまま外部に表れやすいのです。

顔の皮膚の状態をよく見れば、その方の過去、現在の環境、食習慣、心の状態、周りの方とのコミュニケーション、それらすべてが類推できます。

肌を作る材料は今までその人が食べたものですし、悩みなどがあればいくら隠しても顔に出るのは当然です。当たり前と言えば当たり前のことですから、そのままお客様にお伝えしているだけなのです。

ですが、よく考えてみれば素晴らしいことです。

現在の心の状態、食習慣などが変われば、お肌は〝あっと言う間〟に変わるのですから。

重度のアトピーのお客様でも三カ月の間で、見違えるようにつるつるな肌に生まれ変わった方もいらっしゃいます。

たとえば、今あなたにとってすごく恥ずかしいことが起こったとします。

すると「アッ」と思って、顔を赤くすることでしょう。

それも一秒ほどもたたないうちに、です。人間の肌というのは、これほどまでに瞬間的に変わるのです。

もともと人間の肌というのは、自然と毒素を排出し、きれいになっていく性質があります。およそ、二八日ぐらいでそれまでの細胞は生まれ変わり、新しい細胞と置き換わるのです。

もう一度、確認しておきます。

肌ほど正直なものはありません。

あなたが「キレイになりたい」と思えば、瞬時に反応が表れる——それが皮膚です。

では、あなたの肌がすぐにキレイになる、最良の方法をお教えしましょう。

用意するものは、やはり、これだけです。

一冊のノートと、一本のペン。

今日、寝る前にこれだけを用意し、心を静かに落ち着けた上で、

「私の肌はキレイになる」
「私は明るい」
「私は素晴らしい」
「私はよくなる、どんどんよくなる、もっとよくなる」

と、自分を褒める言葉、肯定する言葉をどんどん書いていってください。
書いているとなぜか少しだけ、気持ちが楽になり、明るくなります。そのまま気分よく寝入るようにしてみてください。

ノートに書くのは寝る前に

寝る前に、ノートとペンを用意して、プラスの言葉を書く――実は「寝る前」に書くというのが大切です。

人間は、寝ている間に、自分の潜在意識にアプローチしていると言われています。ですから、寝る前に思っていたことが、そのまま継続して、潜在意識に反映されやすくなるのです。

たとえば、皆さんには、こんな経験はないでしょうか。

寝る前にイライラして眠ったら、

「長く寝たのになぜかスッキリしない」

「怖い映画を見て寝たら不快な夢を見た」

それは寝る前の自分の精神状態が、そのまま睡眠中に継続するからです。

ですから、寝る前に、精神状態を安定させて、その上で肯定的な言葉をたくさん書いて寝ると、そのまま睡眠中に肯定的な意識が持続し、潜在意識にプラスの言葉を刻みつけることができます。

タイヤが坂道を転がりはじめたときのように、意識というのは、いったん転がり出すと、なかなかとめることはできません。それは、よいことも、悪いことも、です。言葉自体にもそういう働きがあるからでしょう。

今日一日、悪いことや悲しいことがあったとしたら、それらも寝る前にノートに書きましょう。

〝書く〟という行為は、形こそ違えど〝話す〟という行為とほぼ同じです。〝話す〟ときには相手がいますが、〝書く〟ときにはいないというだけです。

ですが、行為から生じる結果は、まったく同じことが起こります。

友達や同僚に、上司との諍いのことを話すだけで、スッキリした気持ちになりませんか。

と言っても、友達はあなたに具体的な解決策を提示したわけではないと思います。

一緒に相槌をうったか、黙って聞いてくれただけだと思います。

それでも楽になります。

ノートに書いても同じことです。

書けばなぜか楽になる自分に気づくと思います。

また、書くときには、話すときとは違って、論理構造が必要となりますから、「自分の悩みがより整理されて明確化する」という副次的な効果もあるのです。

そして、ベッドに入ったら、ノートに書いた言葉が実現した状態を思い出します。

肌がプリプリになった、と書いた人は、実際に肌がプリプリ、モチモチになった状態を想像します。

すると、なんとなく嬉しい気持ちになってくるはずです。

その嬉しい気持ちを感じながら幸せな気持ちで寝入ってください。

時間にして三分程度のことが、その後の人生に大きな影響を与えていきます。

ノートとペンという数百円しかかからないこの方法で、すばらしい夢や目標を実現することができるのです。

ノートに写真をはりましょう

夜、寝る前に、プラスの言葉を口にして、想像する。

夜、寝る前に、プラスの言葉をノートに書き、想像する。


これまでいくつかご紹介した方法は、自己暗示と呼ばれる方法の一種です。

偶然、私的な体験から導き出したものですが、あるとき、フランスのエミール・クーエがそのメカニズムを学術的に解説していたことを知りました。

クーエはフランスで薬屋を営んでいました。

あるとき、お客さんが来て、ある特定の銘柄の薬がどうしても欲しいと言います。

もちろん、その薬は置いてありましたが、期限は切れ、効果は期待できないものでした。ところが「それでもいいから、売ってくれ。ぜったいに効くはずだ」と強く望むので、クーエは「効かなくても知りませんよ」と、仕方なく、売りました。

数日後、同じお客さんがお店に来て、

「あの薬、よく効いたよ。ほんとうにありがとう」

と、お礼を言ったそうです。

このときにクーエは、薬に含まれている成分よりも、人間の思いの力、想像する力の方が勝るのではないかと悟り、研究を重ね、「クーエの暗示療法」を編み出したとされています。

このクーエによれば、意志の力とイメージの力が戦うと、イメージの力が勝つといいます。

たとえば、幅三〇センチ、長さ五メートルの板を地面の上に置くと、誰でもその上を苦もなく歩くことができます。

では、同じ板を、地上一〇〇メートルの高層ビルと高層ビルの間に置いて、その上を歩くとなったら、どうでしょうか。

足はガタガタと震え、心臓はドキドキします。

そして、無事に渡りきったときのことよりも、落ちたときのことを考えます。

コンクリートに打ちつけられて、血だらけになることを想像するのです。

「板の上を歩く」というのは意志の力、「血だらけになること」を考えるのはイメージの力です。どちらが勝つかもうおわかりだと思います。

この自己暗示の力を自分の夢や目標を達成するために使いましょう、というのが、言葉をノートに書く方法です。

私は、小さな頃から、「豊かな暮らしをしたい。大きくて立派な家に住みたい」と心に念じつづけていました。

そして〝詳細にわたってイメージすることを無意識のうちに習慣化〟していました。

壁の色や素材、調度品、壁にかざる絵画まで頭のなかでイメージしていたのです。

どうしてもイメージできないときは、一流ホテルのロビーなどにでかけ、「私の将来の家では、こんなソファに座って、こんな絨毯を敷いてみたいな。必ずそうしたい」と念じていました。

そして現在、ほぼイメージ通りの家に住んでいるのです。

自分の夢や目標は、イメージの力を活用すること（ビジュアライゼーション）によって、手に入れることができます。

それは、意志の力を使うよりも簡単にできるのです。

イメージはまず、言葉によって想起されます。

そのために、ノートに自分の夢や目標を書き連ねていくことからはじめるのです。

家が欲しいという人は、理想とする家の写真などを雑誌から切り抜き、持ち歩いてもいいでしょう。

よいイメージを、できるだけ多くの時間、脳にインプットするよう努力するのです。

イメージの力を解放しよう

自分のイメージの力というのは、自分が思っているよりも貧困な場合があります。

「何をやってもだめだ」

「自分は頭が悪い」

「お金がない」

など、このようなマイナス思考をしている人というのは、すばらしい未来をイメージする力が日に日に衰えていくそうです。

たとえば、箱のなかで自由に跳びはねているノミに、上から透明なプラスティックのフタをします。すると、フタにガンガンと当たるようになるので、そのうちノミはフタの内側で跳びはねるようになります。すべてのノミがフタに当たらなくなったら、フタをとります。ですが、フタをとった後でも、ノミはフタがあった高さまでしか、跳ぼうとしません。

この方法は、動物の調教などによく使用されています。

ノミは、イメージする力を失ってしまったのです。

いくらがんばっても、フタの高さまでしか跳べないと理解し、フタ以上の高さまで跳べる環境になっても跳ぼうとしないのです。

もちろん、これは動物だけでなく、人間にも当てはまります。

自分は能力がない、外見がよくない、友達も少ない、と思い込んでいる人は大勢いると思います。

とくに幼少期から学生時代に、そうした思い込みをもってしまうと、なかなか払拭することができません。

たとえば、「自分は仕事ができない」という人に話を聞くと、たいてい「昔、勉強ができなかったから、仕事もできないんです」と言います。

中学生のときに数学が苦手だったとして、高校生になっても苦手だとは限りません。ところが、一度でも悪い点数をとってしまうと、私はこの教科が苦手なんだと思い込んでしまうのです。

そもそも、学生時代の通信簿の成績というのは、単なるペーパーテストの点数です。社会人の仕事の技量というのは、ペーパーテストの点数では決まりません。

司法試験を高得点で通過した弁護士さんが、必ず優秀だといえるでしょうか。弁護士として開業したあとは、いくら頭が大切な商売とはいえ、サービス業です。いかにお客様のためを思った行動をしていけるか、その点が大切です。

学生時代に陥った〝思い込み〟からは、卒業するようにしましょう。

「自分は、この仕事を選んだ。この仕事で自分は最高の力を発揮することができる」と信じましょう。

人のイメージの力は放っておくと、退化していくということを忘れないでください。

誰でも若いときには、みずみずしい感性、イメージする力をもっていたはずです。

それを取り戻すものが、一冊のノートと一本のペンです。

自分の夢を寝る前にノートに書き込んでください。

その夢をイメージしてください。

そして、イメージを補足してくれる写真をそこにはり、見るようにしてください。

イメージする力が高まっていくのが、実感できると思います。

マイナス思考から抜け出すには

今、多くの人が、夢や目標をもてない傾向にあるようです。

私の経験では夢や目標をもてない人は、マイナス思考の人が多いように思います。

特徴としては、「どうせ私なんか」という「どうせ」が口癖の人。

自分の人生に自分で見切りをつけていることは、どう考えても寂しいことです。

「どうせ」が口癖の方、気をつけてください。

あなたはマイナス思考の人かもしれません。

マイナス思考をやめましょう。

マイナス思考が発想の原点にあると何をやっても失敗します。

そして「どうせ」という言葉で自分を慰めてしまいます。「どうせ」という言葉で自分を慰めても、人生はプラスに好転しません。

マイナス思考の弊害をお話しすると「私はマイナス思考じゃないですよ」と否定する人がいます。ですが、否定する人に限って、マイナス思考の持ち主である場合が多いのです。

マイナス思考の人とは、たとえば、こんな人です。

朝、目覚まし時計が鳴ると「あ〜、うるさいな」という一言で一日がはじまります。会社や学校に行って気にくわない人がいると「あの人、嫌だな」。午後になって雨が降ってきます。その雨を見て「雨だ、嫌だな」……。

でも、お天気に文句を言ってもコントロールできるものではありません。

目覚まし時計が鳴らなければ、会社や学校に遅刻します。

目覚まし時計が鳴って「起きる時間を知らせてくれてありがとう。今日も一日、気持ちよく過ごそう！」ならわかりますが、時計に向かって怒るのは筋違いです。

マイナス思考の人は、何が起こっても、気分がよくありません。

人生とは毎日の時間の総和ですから、ことあるたびに怒っていると、人生は怒りに満たされたものになって終わるでしょう。

夢や目標をみつけるには、マイナス思考をやめることです。

具体的にはどうすればよいでしょうか。

これは長年の習慣の問題ですから、一筋縄ではいきません。たばこやお酒をやめるのは難しいと言われます。ましてや思考習慣を変えるというのは、並大抵のことではないとご想像がつくと思います。

そこで、私から、読者の皆様に素敵なプレゼントを差し上げることにしましょう。これは、私が、皆様より少しだけ人生の経験があるから、できることなのかもしれません。

そのプレゼントは、どこでも、誰でも、いつでも、使いたいときに使うことができるものです。ですから、いつも持ち歩いてください。鞄のなかに入れてもかさばることはありません。

そのプレゼントは、すごく素敵なものです。どんな化粧品よりも、エクササイズよりも、あなたの価値を大きく高めてくれるでしょう。

では、あなたに差し上げます。そのプレゼントとは

「あ・り・が・と・う」

――この五文字です。

「ありがとう」の力の使い方

私からのプレゼント、いかがでしたか。

「エッ、たったこれだけ？　こんなのプレゼントじゃない」と思われた方もいらっしゃるかもしれません。

ですが「ありがとう」は、私から読者の皆様方にお贈りできる最高のプレゼントなのです。

これからは何かあるたびに「ありがとう」を口にしてください。

嫌な人に出会ったときも「ありがとう」と言ってみてください。無理矢理でかまいません。こんな人に「ありがとう」なんて口が裂けても言えないわ、という人にでもです。

面と向かって言う必要はありません。

まずは心のなかで言うようにしてみてください。何日かつづけていると、心のなかで自然と「ありがとう」が出てくるようになります。

そして、自然と口から出てくるようになる頃「あれ、私、何を怒ってたのかな」と気づくはずです。

私たちの悩みの大半は人間関係、コミュニケーションによるものです。人間関係がよくないと、人生全体が悩みだらけです。人間関係に悩みはじめると、すべてがストップして、袋小路に入ったような行き詰まった感覚に陥る人が多いと思います。

「ありがとう」は人間関係を好転させる「魔法の言葉」なのです。

人間関係を悪化させるきっかけというのは実に些細なものです。

たとえば、デリカシーのない上司に、あなたが少し腹を立てていたとしましょう。でもあなたは持ち前の明るさで、「まあいいか」と流していました。

ところが、ある日のランチで、

「ちょっとあの課長、許せないよね。いつも自分でやらなければならない小さな用事まで私たちに押しつけるのよ」

と誰かが言い出したとたん、皆が堰を切ったように悪口を言い出しました。

気がつくと、あなたもその悪口の輪に入っていて

「私なんかもっとひどいのよ。課長にこんなこと言われたのよ」

と、次々と実例を挙げはじめていました。

あなたが課長を見つめる目は、いつの間にか怒りへと転化していきました。その日をさかいにあなたは会社で課長を見るたびに腹が立つようになりました。

「私だけでなく、皆に変な用事を押しつけて、許せないヤツ」と。

そして、皆で課長を無視しはじめるのです。

——程度の差こそあれ、このような状態に陥った経験をもっている人は少なくないと思います。

課長を皆で無視するのは部下同士に疑似連体感が生まれ、楽しく感じられるかもしれません。ですが本当の楽しさではないことは、あなたが一番よくわかっているはずです。

上司は、あなたの長所と短所をあなた以上に把握し、必要な仕事をうまく割り振っ

てくれている場合が多いと思います。

それを感謝せずに、自分の視点で「必要ない」と判断することは危険なことです。

仮に、そうしたことを上司が考えていなかったとしても、その仕事は「自分にとって必要だった」と考えることはできませんか。

きっかけは、皆の悪口の輪のなかに入ってしまった、という些細なことだったかもしれません。ですが、あなたはこれだけの怒りの渦に巻き込まれました。抜け出すのは難しいかもしれません。

ですが、私がプレゼントしたあの言葉があれば、決して難しくありません。

それが「ありがとう」の五文字です。

言葉の力の使い方

「ありがとう」には人間関係、すべてを好転させていく〝力〟があります。

実は、「ありがとう」だけでなく、すべての言葉には、力があるのです。

二つの花瓶に花を用意して、一方の花瓶の花には「あなたはきれいね」と肯定の言葉を言い聞かせます。もう一方には「あなたは汚いわね。見てられないわ」という否定の言葉をかけつづけます。すると、どうでしょう。一〇日も経つと、それぞれの花に言葉に忠実に反応した結果が表れるのです。前者の花瓶の花は力がありきれいです。後者の花瓶の花は前者にくらべて明らかに衰えて見えます。

もう一つ例を挙げます。

水の入ったコップを二つ用意します。花瓶のときと同じように、同じ言葉をかけつづけます。一〇日ほどたち、顕微鏡で水の分子を観察してみると、分子がキレイにそろった水と、ふぞろいで汚い水になってしまうというのです。

考えてみてください。花や水に、思考能力はあるでしょうか。

キレイね、と言われて

「そうかな。ワタシもしかしてキレイ？」

と考えることはできないはずです。

思考力がない花や水でさえそうなのですから、人間に言葉をかけてみたらどうなるでしょうか。

言葉をかけられた人は、頭のなかで、その言葉を反復するはずです。

「ワタシはキレイ。ワタシはキレイ」と。

すると、慣性の法則が働き、時間とともにどんどんとキレイになっていくのです。

先の課長の例で、夜、寝る前に、五分ほど心を落ち着ける時間をもったあと、心のなかで皆に嫌われている課長の顔を想像し、

「ありがとう」

と言ってみてください。

一回だけでいいのです。

はじめは腹が立って言葉を発する気分にさえならないと思いますが、それでも言ってみてください。そしてノートに書いてみてください。それを一週間ほどつづけてみます。一週間ほどたつと、

「そう言えば、入社したとき課長には挨拶の仕方とか、礼儀マナーのイロハをいろい

ろ教わったな。あんなこと誰も教えてくれなかったな」と、課長からお世話になったことなどが自然と思い出され、結果、本当に「ありがとう」という気持ちになってきます。

人はマイナスの感情にとらわれると、プラスの感情まで忘れてしまい、マイナスのことばかり思うようになります。

その上、課長を嫌いになると、部長も嫌いになりやすくなり、社長も嫌いになってきます。すると「こんな会社にいてもしょうがない。辞めてやる」となります。これが会社をつづけられない人の典型例です。

課長に感謝できるようになると、会社も好きになり、ひいては社会も好きになってきます。「渡る世間に鬼はない」と言うように世の中をプラスにとらえられるようになり、生きていること自体が楽しくなってきます。

現状に不満がある人、抜け出したいと思っている人は、言葉の力を借りましょう。

一冊のノートとペン、これで人生が変わるのです。

私も、今でも、夜寝る前には必ず、「どんどんよくなる、きっとよくなる、もっとよくなる」とまるで念仏のように、プラスの言葉を唱え、その言葉をノートに書きつづけています。

言葉は魔法です。

魔法の力を信じてみてください。

思いつづけることが大切

夢や目標をもつためには、まず、マイナス思考をやめること、やめるためには言葉の力を借りる、というところまで説明が終わりました。

マイナス思考をやめると、不思議なことに「ああなりたい、こうなりたい」という夢や目標が心のなかに次々と湧いてきます。

湧いてきたら、あれこれ理由をつけて、その気持ちをストップさせてはいけません。

「リビングが三〇畳ぐらいある大きな一軒家に住みたい」と思ったら、

「でも無理」と否定しないことです。

否定せずに、そのまま三〇畳のリビングを思い浮かべて、いい気分に浸りましょう。そして、その気分を何日も持続させることがカギです。何日も思いつづけていると、そのうちに必ず理想とした家に住みたいという気持ちが高まっていきます。

松下電器の創業者、松下幸之助さんはこのようにおっしゃっています。

「念願とは、単に願うことではない。こうなりたい、こうあればいいという思いが高まって、ぜひそうなりたいという気持ちまで高まる。それがさらに高まって、何が何でもそうなりたいという思いにまでなる。それがさらに高まって神様、仏様どうぞなさしめたまえと祈るような、念じるような思いにまで高まったときに神のご加護が加わり、奇跡とも思えることが起きてくる。私の人生は奇跡の連続でした」

恥ずかしながら、三〇畳のリビングという夢は、私の夢だったのですが、仕事をはじめて三〇年後に実現することができました。また、私は十代の頃から、世界中を飛び回るような仕事をしたいと熱望していましたが、この夢もかなうことになりました。

夢をもつことはできても、強く思う人、思いつづける人は少ないと思います。人生の分かれ目は案外、このようなところにあるのではないでしょうか。

たとえ一〇〇パーセントかなわなかったとしても、強く心に決め、思いつづけることによって七〇パーセントか八〇パーセントぐらいでも達成できたら、素晴らしい人生を歩めることになると思います。

マイナス思考の人の口癖を一つご紹介しましょう。

「お金がない」です。

「アメリカへ行きたい――でも、お金がない」

「看護師さんになりたい――けど、学費が高い」

「大きなマンションを買いたい――ただ、頭金が足りない」

いろいろな夢や目標を描いても、即座に「お金がない」とつづけて否定していく習慣をもっていませんか。このようなクセは、典型的なマイナス思考です。

お金がなくたって、いいのです。

お金をもっている人だけが夢を実現していく資格があるのでしょうか？

そうではないはずです。

お金は単なる手段です。

人生は登り切ってしまったら最後、はい上がる途中にこそ、醍醐味が隠されていると思います。

そういう私も二十代後半までは「お金がない」が口癖でした。

ですが、お金がないことを、夢が実現できない言い訳にするのはやめようと心に決めてから、不思議なことに、お金に困ることがなくなりました。

「お金がない」というマイナスの言葉と決別することが、夢や目標を達成するのに、とても大切なことなのです。

数字の力の使い方

人生の夢や目標をもつことは大事です。同時に、仕事上での夢や目標をおぼろげなものにしておいてはいけません。

人生にも仕事にも、数字がつきものです。数字からは逃げられません。生年月日のように、私たちが生まれた瞬間から数字はついてまわるのです。

そして、仕事をされている方ならわかると思います。

仕事で成績が上がらないというのは、本当につらいことだと思いませんか。

人生の大半が仕事に費やされている時間です。

その時間がつらいと人生全体がつらいものになってしまいます。

「仕事がつらいけど、趣味が充実しているから楽しい」では、本末転倒で、よい人生を送っているとは言えないのではないでしょうか。

数字とは、正直なものです。

熱意と仕事量がそのまま数字に表れると思います。

「がんばったんですけど……」というのは言い訳で、現在のその人の姿、そのままが数字に表れていると思うのです。

よく「私、写真うつりが悪いの」という人がいますが、それは間違いです。

写真は一瞬でありながらも、瞬間の真実をうつし出しています。

ゼロコンマ数秒という時間に自信のある表情ができる、女性とはそういう存在でありたいと私は思いますし「写真うつりが悪いの」という人は、その言葉を裏返してみると「普段はいいんだけど……」ということになります。

普段はいいのに、写真うつりだけいつも悪い――そんなはずはありません。

写真が現実をうつしだすものであるのと同様、会社でのあなたの成績（数字）はあなたの現在のありのままをうつしだしています。

では目標の数字を達成していくには、どうすればいいのでしょうか。

まずは、どんな仕事でも

「今月の売上二〇〇万円を達成したい！」

「一五件、新規客を増やしたい」

というように、できる限り具体的に数字を設定することが第一段階です。

「だいたい五〇万円ぐらいでいいか」

というアバウトな設定にしないことです。

数字をあやふやにすると、目標の達成もあやふやになるからです。

言葉に、物事を実現させる魔力があるように、数字にも魔力があります。「二〇〇万円達成するぞ」と固く決意した時点で、半分は実現しているのと同じことで、あとの半分は日々の努力にかかってくると私は思っています。

この魔力を利用しない手はありません。

第二段階は意志決定です。

私が就職した化粧品販売会社は、入社後の研修期間の成績順に、配属先が決定していきました。私はほぼ最下位に近い成績でしたので、各駅停車しか止まらない、とある駅のガード下の化粧品売り場が、はじめての職場でした。

「これではいけない」と奮起した私は人の倍働き、数字をしっかりと設定し、

「必ず達成しよう」

と意志決定して仕事に取り組みました。その結果、次の期には、同期のなかで一番の成績を上げることができました。

「二〇〇万円と目標設定したのに、結果が一八五万円だった」

という場合は、やはり私は意志決定が弱かったのではないかと思います。

「あと少しのところまで来たのだからＯＫ」とは、絶対に考えません。あと少しだからこそ、意志の力で達成できるのではないでしょうか。人生とは〝無理だと思うところからあと一歩前に踏み出す意志決定〟を経て、開けていくものだと思うのです。

見返したいという気持ちで書いてはいけない

目標を設定するときに一点だけ注意事項があります。

その目標が、あなたが果たして心から望んでいることかどうか、です。

よくある間違いは「〇〇さんを見返したい」というような他人と比較しての目標設定です。この場合は、目標の元になる感情が、恨みや憎しみということになります。巌窟王などと同じく、いわゆる〝復讐もの〟です。自分を悲劇のヒロイン、ヒーローに仕立て上げることは気持ちのいいものかもしれませんが、目標がかなう確率は低くなりますし、たとえかなったとしても、心から嬉しくはないでしょう。

海外で仕事をする機会が多いと、日本人の悪いところがよくわかります。とにかく、自分を他人と比較したり、人からどう思われるかということばかり気にしたりするのです。

目標設定の際の注意点は、あなたの本心はどうか、ということです。

他人は一切関係ありません。

親や兄弟でさえ関係ないと思ってください。

家業を継げと親に言われていても、本当に自分がやりたいことがあるのなら、親への感謝の気持ちをもちながらも、やりたいことを目標設定するべきです。親が喜ぶことを目標設定すると、自分のやりたいことができなくなってしまうからです。

そして、自分の本心から目標設定すると、どれだけ本気か、あなたの本気の度合いを周囲から試される機会が訪れるはずです。

「自分は超一流のエステティシャンをめざしているのに、任される仕事は受付と、洗濯と掃除だけ」

このとき、「こんな会社、辞めよう」では、目標達成は難しいでしょう。

掃除など、どんなにばかばかしいと思っても、本気でやります。

上司へお茶を出すことも、本気でやります。

そうすると少しずつ何かが変わってきます。

目の前の仕事に一生懸命取り組むと、他人の評価が気にならなくなる自分に気がつくことでしょう。

他人の評価が気になるのは、現在の自分が全力を尽くしていない、ということも一因なのです。

全力を尽くしていると、魂の底から嬉しさが沸き上がってきます。

読者の皆様は私より若い人がほとんどだと思います。

若いのですから、目標設定したあとは、まずは行動してみてください。

やってみてください。

やらずに後悔するより、やったあとに反省し、やり直した方がいいと私は思うのです。

「掃除なんて嫌だ」

「洗濯なんて嫌だ」

あなたが目標とするような人物になるには、掃除や事務、洗濯といったさまざまな種類の仕事をマスターしなければならないでしょう。

仕事は本体の〝技術〟だけで成り立っているのではなく、周辺のサポート業務といったものが大切です。

このようなところまで、意識を働かすことができないと、自分がリーダーになったあとに誰からのサポートも受けられず困ってしまうのです。

ばかばかしい、と思う仕事ほど一生懸命やりましょう。

肯定的宣言を作る①

これまで、言葉と数字には力があるということ説明してきました。

夢や目標を実現していくためには、現在の悪習慣をよい習慣に変えていかなければならないことはすでにご理解いただけたと思います。

そして、なりたい自分を想像して毎晩ノートに書いていく重要性も認識していただけたはずです。

では、ここで、ノートに言葉を書くときに、気をつけるべき点を紹介しましょう。

左の文章は、暗示療法のクーエが毎日、読むことを推奨している一文です。

「私は、毎日あらゆる面で、よくなりつづけている」

このような肯定的な言葉を毎日唱え、自分に対して約束していくことをアファーメーション（肯定的宣言）といいます。

「私はキレイ」

これも、アファーメーションの一種なのです。

アファーメーションを作るとき、まず大切なことは、〝私〟という主語を入れることです。

変えることができるのは〝私〟だけだからです。

他人を主語にして、他人の行動を変えようというのは土台、不可能なことです。

また、アファーメーションは脳に情報をインプットする作業です。

その際に主語が省略されていると、脳はあなたが何を望んでいるかを正常に認識してくれない可能性があります。

ただし、次のような場合に限り〝私〟が主語でなくてもＯＫです。

「人生は最高だ！」

「世の中は幸せに満ちている」

「すべては、うまくいっている」

などです。これらは、〝私〟の周辺の環境に対するものの見方、考え方という意味になるので、〝私〟は省いてけっこうです。

このような例外を除いて、まず〝私〟を使ってアファーメーションを作るようにしましょう。

第二に語尾に対する注意です。

「私は社長になる」

というように〝～になる〟というような表現はやめ、

「私は社長である」

というように、〝～である〟〝～をしている〟など、現在の状態を表す断定的な表現を用いましょう。

この効果は、自分の胸に手を当てて測定してみるとよくわかります。

前者の場合、「自分は社長になると言ったが、なれるだろうか」という疑いの気持ちなどが出やすいアファーメーションですが、後者の場合は、「私が社長。なんだか気持ちがいいな」というように〝実際に社長になった〟気分を社長になる前から味わうことができます。目標とする自分を現在において味わうことができるのです。

この〝気分を先取りして味わう〟ということがひじょうに重要で、自分のことを社長だと思うと、社長らしい言葉づかいになります。社長らしい振る舞いになります。

社長らしい〝オーラ〟が自然と身についてくると思います。

そして、最終的に本当の社長になることができるのです。

〝～である〟というように、断定しましょう。

肯定的宣言を作る②

第三に〝マイナスの言葉を使わない〟ということです。

「私は暗い性格とサヨナラする」

というアファーメーションを作ったとします。

この場合〝暗い〟という部分がマイナスの言葉に当たるので、

「私は明るい性格である」

というように改めます。

マイナスの言葉が、アファーメーションのなかに盛り込まれていると、その言葉に引きずられてイメージが湧いてきてしまうからです。

「電卓を想像しないでください」

と言われても、どうしても電卓を想像してしまうのと同じです。

言葉で言われたことを打ち消すのはかなり困難な作業です。

ですから、自分が作ったアファーメーションのなかにマイナスの言葉が入っている場合は、それを取り除き、肯定的な言葉に置き換えて作るようにしましょう。

クーエの、

「私は、毎日あらゆる面で、よくなりつづけている」

を唱えたのは、さまざまな病気にかかった患者たちでした。

これによって、クーエが薬を処方するよりも、劇的な改善が見られました。完治が困難と言われた病が治ったり、寝たきりの老人が再び起き上がったりしたのです。

アファーメーションは、クーエだけでなく、さまざまな人が推奨していますが、本質は、以上の三点に集約されています。

そして、これらのアファーメーション作りのポイントは、日常生活でも活用できるのです。

常日頃、自分が何気なく使っている言葉を、この三つの観点から見てみるのです。

「来週の日曜日、友達の結婚式に出席しなきゃいけないの。嫌だなあ」

と話している自分がいたとします。

ほんとうに嫌なら欠席すればいいだけの話です。それでも欠席せず出席する予定なのは、欠席すれば何らかの不利益を被ったりするからで、逆に言えば、出席することで、何らかの〝利益〟を得ることになります。

その〝利益〟を得ようと自分で〝選択した〟行動なのですから、あくまでも主体性は自分にあるはずです。

「しなければいけない」と強制されているように感じても、最終的にはすべての行動は、自分という主体が能動的に選択した結果なのです。ですから、

「来週の日曜日、友達の結婚式に出席するの。楽しみだな」

というように変更するのです。

友達の結婚式には、素敵な男性が出席しているかもしれませんし、もしかしたらそ

の男性とお付き合いをすることになるかもしれません。

幸せな人生を手に入れるためにも、日頃から肯定的な言葉を使い、ノートに書くよう意識しましょう。

「今日嬉しかったこと」を書き出す

ノートの使い方はこれだけではありません。

肯定的宣言をして、夢や目標を実現させるには、前にも触れたように「ありがとう」という感謝の気持ちが大切です。

感謝の気持ちがなくても、夢や目標を実現できるかもしれません。しかし、それでは〝その後〟の保証がなされないのです。

プロスポーツ選手が試合に勝ったとき、

「自分をサポートしてくれた大勢のスタッフとファンのおかげです。ありがとうございました」

と話しているのを聞いたことがあると思います。

人に強制されて言わされた〝模範解答〟ではありません。

ほとんどが心から出てくる言葉のはずです。

では、もしも、このようなセリフを言うスポーツ選手がいたとしたらどうでしょう。

「勝ったのはボクの実力です」

一人の選手の周囲には、トレーナー、監督、栄養士、スポンサーなど、ひじょうにたくさんの人がいます。

彼らの助力があってこその勝利のはずなのに、インタビューの内容が自己中心的なものであるならば、その瞬間から周りのスタッフは興ざめし、選手を献身的に支えようという気は失せていくでしょう。転落がはじまります。

読者の皆様もこれから仕事での夢や目標をかなえ、経営者やリーダー的な立場に就く人が出てくると思います。

そのようなときに

「この会社は私一人でもっているようなもの」

というような認識があれば、周りのスタッフのサポートは得られないでしょう。

ぜひ感謝の言葉が自然と出てくる人になってください。

では、感謝の気持ちを毎日育てていく方法はあるのでしょうか。

ここでも、ノートを活用していくのです。

一日が終わり寝る前に、〝今日一日の嬉しかったこと〟を書きつづっていくのです。

「昼の日替わりランチに好きなものがあり、おいしかった」

「母がはげましの電話をくれた」

「いつも挨拶をしてくれないAさんと少し話ができた」

些細なことでけっこうです。

そうしたことを毎日書きつづっていると、些細な出来事のなかには、周りの人との小さな関わりや、目に見えないサポートがあって、自分という人間が成り立っているということが理解できてくるでしょう。

毎日は〝小さな出来事の積み重ね〟だと悟りましょう。

そして〝小さな出来事〟の裏には、周囲の人との関わり、があるのです。

感謝は、「探して」でもする。

ノートに書きつづる習慣がそんな心を育ててくれるはずです。

「悔しかったこと」「悲しかったこと」を書き出す

夢や目標をかなえるためには、心のなかをキレイにしておく必要があります。

心のなかとは、潜在意識のことです。

潜在意識とは〝意識できない領域にある意識〟のことです。

潜在意識には、自分では忘れてしまっている、これまでの人生で経験したことがすべて詰まっています。

冷蔵庫を整理すると、奥の方から思わぬ調味料の瓶などを発見して、自分が買ったものなのに驚いた――そのような経験があるかと思います。

脳の仕組みもこれとよく似ていて、古い体験などは記憶していなくても、脳の片隅にちゃんと整理されて保存されているのです。

つらかったこと、悲しかったことなども、表面の意識（顕在意識）では忘れているつもりでも、潜在意識にはしっかりと残っているのです。

つらかったこと、悲しかったことは、誰でも経験してしまうことなので、悪いことではありませんが、自分自身で〝納得済み〟でないと、顕在意識に思わぬ影を落としてしまうことが知られています。

「身体の調子がなにも悪くないのに、なんだか憂うつ」

「友達と集まって皆楽しそうにしているのに、自分だけ気分が乗らない」

このような身体や精神の変調を訴えるまでにはならないにしても、すべての経験は、自分なりに納得しておく必要があるのです。

冷蔵庫に食べ物を一時的に保管する場合、サランラップを巻くと思います。

巻かなければその食べ物は腐ってしまい、冷蔵庫のなかにニオイが充満します。

つらかったこと、悲しかったことも適切な処理をして脳のなかに保存しておかないと、その後の自分の人生に悪影響をおよぼす場合があるのです。

では、具体的にはどのような処理の仕方をしたらよいのでしょうか。

ここでも、やはり「ノートを活用する」のです。

つらかったこと、悲しかったことを、新しい古いに関係なく、書けるだけ書き出していきます。

一日三〇分でかまいません。

何日かかってもかまいません。

一～二週間もあれば、かなりの数を書き出せるのではないでしょうか。

つらい体験を友達に聞いてもらって、楽になったという人は多いと思います。

人を対象としていなくても、ノートに書き出すという行為は同じ効果があるのです。

ノートに書き出した方が、感情的にならず、客観的、論理的になることができるので、それ以上の効果があるかもしれません。

これは、潜在意識を浄化するためのとても大切な作業です。

スキンケアでも、汚れをしわから落とすことで、ローションやエッセンスの効果が表れます。まずは、心のなかの汚れや、ごみ、ほこりを払うために、悪い感情を、そのとき感じた怒りのまま、悲しみのまま、憎しみのまま、書き連ねてください。

ただし、このとき、一つだけ約束してほしいことがあります。

書いたあとに、必ず次のような一文で締めくくるのです。

「これでよくなる。ありがとうございます」

すべての体験は、この言葉で〝ラップ〟しておくと、腐り出すことはありません。逆に、災い転じて福となす、ことになります。

これまであなたが体験した、つらかったこと、悲しかったことは、脳のなかで腐らせておかず、ノートにどんどん書き出していきましょう。

これが潜在意識の掃除の仕方です。

潜在意識がキレイになると、何もないのに不安になったり、落ち込んだり、といった精神の不安定、それに伴う身体の異常などがなくなってきます。

そして、潜在意識は、その本来の役割である、あなたの夢や目標をかなえるために、全力で仕事をしはじめます。

潜在意識は夜、寝ている間に、あなたをサポートするために全力で働いています。

たとえば、あなたが今、新しい仕事で壁にぶつかっているとします。

するとキレイになった潜在意識は、あなたが寝ている間に、あなたのサポーターになろうとして、記憶の奥の奥まで〝検索〟してくれるのです。

「その仕事の壁を突破するためには、一〇年前にパーティーで名刺交換をした、あの人に相談をもちかけてみてはどうか」

そうしたことを、夢で見たり、朝、目が覚めたときなどにふと思い出したりします。

これらは偶然ではなく、潜在意識や脳の仕組みなのです。

潜在意識はあなたの一番近くにいて、頼りになる〝女房役〟です。

ぜひこのような潜在意識の仕組みを理解し、活用していってください。

潜在意識が働く、夜、寝る前が一番のチャンスです。

三〇分でいいので、心を落ち着け、これまでのつらかったこと、悲しかったことを書いていってみてください。

少しずつ少しずつ、しかし確実に、あなたの人生は夢や目標の実現に向かって進んでいくことでしょう。

感謝の気持ちを芽生えさせ、潜在意識を活用すると、アファーメーションの効果がさらに高まります。

他にも、アファーメーションの効果を高めるための方法を紹介しましょう。

・カードに書き出し、手帳などに挟み、時間が空いたら見る
・カードに書き出し、トイレの壁、玄関の壁など、目に付きやすいところに、はる
・ＩＣ録音機などに吹き込み、繰り返し聞く

コツは、なるべく多くの時間、アファーメーションに触れられるようにすることです。右記以外にもたくさんの方法があると思います。

ぜひ、自分なりに工夫してみてください。

書いたことを人に話そう

「アファーメーションを作って一生懸命、ノートに書いているけれど、目標や夢が実現しないんです」と相談に来られる方がいます。

これはなぜでしょう。

夢や目標を実現するには、三つのステップがあります。

①自分自身が目標を設定し、それを毎日ノートに書きつづけること。
②その目標をかなえるために、行動を起こすこと。
③周囲の人に自分の目標を知ってもらい、できれば協力してもらうこと。

「私はいつまでも代わり映えしないわ」と思っている人は、以上のことを考えてみてください。どの項目か実行していないものがあると思います。

職場でリーダーになりたい、店長になりたい、などという目標があれば、その目標を上司や仲のよい同僚に伝えてください。

伝えなければ、あなたの周囲の人はあなたをサポートしたいと欲しても、やりようがないのです。ですが、あなたの目標を知れば、上司は「Aさんはリーダーに昇格したいのか。私もできるだけ協力してあげよう」という気になります。

目標は自分一人で達成できるものではありません。

周りのサポートがあってはじめて達成できるものです。

目標を達成したときのことを考えてみてください。

あなた一人で「フフフ」と声を潜めて喜びたいでしょうか。

同僚に祝福され、上司に祝福され、部下に祝福され、家族に祝福され、目標を達成したいのではないでしょうか。

もしそうならば、自分が目標を達成したときに、喜んでくれる人、喜んでほしい人に、自分の夢や目標を知らせ、共有してもらい、できれば協力してもらえるように依頼しましょう。

いわゆる〝有言実行〟という方法です。

「そんなの恥ずかしい」という人もいると思います。

ですが、考えてみてください。

これまでの〝無言実行〟の方法で目標を達成できたでしょうか。

生まれてこの方、何十年も無理だったと思います。

何十年やってもうまくいかなかった方法ですから、そろそろやめてみましょう。

それと〝恥ずかしい〟という感情にも〝サヨナラ〟をしましょう。

自分の目標を恥ずかしいと思う感情は、幼さの表れです。自分の目標を恥じると、心のどこかで自分を認めていないということにつながり、目標の達成を自分自身で遠ざけてしまうと思います。

自分を変えるためには、目標を設定することが大切ですが、自分の目標を周りの人たちに知らせ、協力を呼びかけていくことが最も重要です。

読者の皆様なら、きっと変われると思います。

目標を達成できると思います。

これまでの自分に〝サヨナラ〟をすれば、あなたに不可能はありません。

「天地の法則」を活用するために

この世界には、「天地の法則」と呼ばれるものが存在します。

人間の力を超えたすべてのものが、この法則に基づいています。

この法則はすべての人に平等です。

この法則はたとえて言えば乗り物のようなものです。

この乗り物に乗ってさえいれば、苦労せずに幸福になることができるのです。

仏教ではこれを因果律といいます。

因果律とは、善因善果、悪因悪果で、よい種をまけばよい実が実り、悪い種をまけば必ず悪いものが現れます。

また、業という考え方にも通じます。

善業は善果を現し、悪業は悪果を招くといいます。

業には三つあり、それぞれを、身、口、意の三業といいます。

身体で行う業、口でなす業、さらに意識で生じる業、そのなかで一番強く働くのは意業であり、喜び、感謝、呪い、恨みなどはたとえ地球の反対側にいて何万キロ離れていても通ずるといいます。

これが、すべてのものを作る最も大きな力であり、私たちの運命や環境を作り出す原動力となり、形の世界に現れる根本原因、想念なのです。

少し難しい話になってしまいましたが、つまりこういうことです。

東京に行くときは東京行きの新幹線に乗る。九州に行くときは博多行きの新幹線に乗る。同様に、幸福になりたいと思ったら、幸福行きという乗り物に乗らなければ目的地には着きません。

そのためには、目的に向かって自分を運ぶ心、すなわち運命を作り出す心をもっていなければ、どんな方法で努力してもなかなか幸福になることはできないということなのです。さもなければ新幹線に乗ったら二時間で行けるところに、一ヵ月以上かかってたどりつく、そんな大変な人生を歩むことになってしまいます。

ところで、皆様のなかに「いつもお金持ちになりたい、仕事で成功したい、と強く念じていますが、実現しない」という人がいるかもしれません。

これは、先ほど触れたように、無言実行しようとしたことが、実現しない一つの理由、もう一つの理由は〝心のありよう〟自体が間違っているからです。

お金持ちになりたいと思っているのにお金に恵まれないのは、それが、お金持ちの人の〝心のありよう〟ではないからです。仕事で成功したいと思っていてもいつまでも平社員のままというのも、仕事で成功している人の心の状態を知らないからです。

では、その〝心のありよう〟ですが、〝自分〟さえよければいい、〝自分〟が〝自分〟がという心は、根本的に間違っています。

あなたは自分中心の人が好きですか？

友達と一つのケーキを分けて食べるときでも、自分ばかりたくさん食べようとする人が好きですか？

そのような人は、あまり好かれない人でしょう。

人から嫌われているのに、神様だけには好かれたいと思うのは、身勝手な話だと思います。

本章で紹介した方法は、新幹線のように簡単に〝目的地〟にたどりつけるものばかりです。

なぜなら、プラスの言葉を口にする、プラスの言葉をノートに書きつけるといった方法は天地の法則そのものだからです。

そしてこの法則を最大限に活用したいと思えば、まずは〝自分が〟という利己主義の〝心〟を治すことからはじめていただきたいのです。

DATE

第2章

ノートに書く前に、知っておいてほしいこと～仕事について

仕事はあなたを高める最高の方法

一冊のノートとペンを用意して、毎晩、寝る前に、

プラスの言葉をノートに書く
自分の夢や目標を定め、それをノートに書く
嬉しかった出来事をノートに書く
つらかったこと、悲しかったこと、許せなかったことをノートに書く

といった方法をご紹介しました。
この習慣をつづけると、あなたの毎日に大きな変化が訪れます。
さらに、前章の終わりで述べたように、その効果を高める考え方や、行動が存在し

ます。

ここからは、〝ノートの効果〟を加速させるために必要なさまざまな考え方、行動、習慣について説明したいと思います。

まずは仕事に対する考え方です。

人は何のために仕事をしているのでしょうか。

お金のためでしょうか。

自分の生活のためでしょうか。

仕事とは何かを達成するための手段（もしくはツール）でしかないものでしょうか。

恥ずかしながら、仕事をはじめた頃の私は、そのような考え方をしていました。

これらはあまりにも寂しい考え方です。

読者の皆様には「仕事とは、携わること自体が喜びで、すばらしいもの」となっていただきたいのです。

学校を卒業すると、自分を磨く場所というのはおのずと限られてくると思います。

そして、多くの人にとって、職場が、自分の人格を向上させる場所となります。

不思議なことに、

「仕事はお金のため、生活のためだけに働いている」

という人に限って、成績はあまりよくありません。私の知る限り、

「仕事を通じて自分を磨いていこう、人生をより豊かなものにしていこう」

という考え方の人の方が成績がよいようです。

〃できる人〃というのは、仕事を通じて自分を高めているように思います。

同僚とのコミュニケーション力、お客さんとの対人折衝能力、仕事そのものの技術力など、自分自身が高まっていくのです。

お店のスタッフたちを見ていて気づいたことがあります。それは、お店に入り、営業成績が上がっていくと、それまでお付き合いしていた方と別れるケースが少なくないということです。おそらく自分が向上していくと、それまでの相手にもの足りなさを感じるのでしょう。

人格を向上させるには、やはり目の前の数字を達成しなければなりません。

月二〇〇万円の営業成績を達成しようとすれば、日割りで一日一〇万円。今日一日一〇万円を達成するにはどうすればいいのだろう、と考えて今、目の前にある仕事に一生懸命取り組むのです。

目の前の仕事をおろそかにして、目標だけ立てても意味がありません。

今、目の前にある仕事に一生懸命取り組めば、おのずと人格が高まります。人格が高まり、仕事が楽しくなってくるにつれ、いつの間にか営業成績があとからついてくる――という流れになるのです。

〝人の成功を喜べる人〟が成功する

もし、皆さんが幸せになりたいと思うならば、人の悪口を言ってはいけません。

ですが、女性のなかには三人も集まれば無意識のうちに悪口を言い出す人がいます。

夫の悪口、子どもの悪口、隣の奥さんの悪口、同僚の悪口など、人は、四六時中といっていいほど、悪口を言います。

ある心理学者によると他人との会話の七〇パーセントは噂話だそうです。

噂話はともすれば悪口と紙一重ですから、人と噂話をするときは、できるだけ悪口にならないように気をつけたいものです。

夫の悪口を言う妻というのは、自分で自分をさげすんでいることと同じです。

あるとき、テレビで、夫のワイシャツで床の拭き掃除をする妻、冷蔵庫にある期限切れの食べ物ばかりを夫に出す妻がいることを紹介していましたが、これには驚きました。

家庭内で、妻が夫をさげすんだら、会社で夫は同じような扱いを受けるであろう、と心しておいてください。夫の価値は妻が作っていくもの、だからです。

これは、彼、彼女の関係でも同じです。

美容業界の経営者の方や現場のリーダーの方から「やる気のある組織を作るにはどうすればいいですか」とよく質問されますが、会社の状況や内容を詳細にお聞きして、従業員に問題があるようであれば、私は悪口を言っている人を本気で指導するか、または相手にどうしても言葉が届かなければやめてもらうことも必要だと思います。

なぜならば、悪口は伝染するからです。

よい言葉にもパワーがあるように、悪い言葉にはさらに強いパワーがあります。

五人のスタッフでお店を運営している会社があるとします。

そのうちの一人が自分のお店の悪口を言うと、あとの三人に伝染します。あなたがリーダーだとすれば、残り全員が悪口を言う人間に感化されてしまうのです。

これではリーダーがいくらしっかりしていても四面楚歌ですから、行き詰まってしまうのは目に見えています。

ときに悪口は正論に聞こえます。

悪口を言っていると正しいことを言っているような気分になるから不思議です。

ですが、悪口で会社の業績が向上しないことだけは確かです。

このようなときは、勇気をもって対処しないと、永久にそのお店の業績はアップしません。

今、格差社会になりつつある、と言われています。

これは何も経済的な側面だけの話ではなくて、魂のレベルでの格差社会もはじまっていると私は思うのです。

悪口というのは、多くの場合、ねたみやひがみからきています。

「人の成功をねたむ」

「人の失敗を喜ぶ」

こういう人は、幸せになることはありません。

人の成功を心から喜べるような人物になってこそ、幸せな人生をつかみとれるのだと思います。

もし、あなたが、会社の悪口、上司の悪口、同僚の悪口を言っているようなら、今すぐ、やめるようにしてください。

悪口を言いたいような相手というのは、実は、魂のレベルであなたが乗り越えなければならない相手です。

夜寝る前に、悪口を言いたい相手を思い浮かべて「ありがとう」と言い、その言葉をノートに書くのです。

そうすると、相手との関係が必ずよくなっていくのです。

好奇心を育てよう

近年、仕事をしていくなかで、人間関係の悩みを抱えている人が少なくありません。

「お客さんとうまく話せない」

「同僚と気まずい」

このようなとき、話し方のテクニックをアドバイスすることもできますが、それだけでは根本的な解決にはなりません。

それよりも、皆さんにお伝えしたいのは、人間関係がうまくいっている人にはある特徴があるということです。

それは好奇心が旺盛なことです。

好奇心が旺盛だと、お客様が来店されたとき、どんな人だろう、どんな職業だろう、どこに住まわれているのだろう、と聞きたいことが山のように出てきます。

それを抑えるのが難しいぐらいにです。

逆に、人間関係で悩む人というのは、自分だけに興味があり、他人に興味がない、という人が多いようです。

質問もとってつけたようなものになります。

どこからいらっしゃったかも興味がないのに、とりあえず「どちらから？」と聞いてみた、では会話も弾みません。

人に対する好奇心を高めるように努力するには、何事にも積極的に動く習慣をもつことでしょう。

「この週末、ちょっと気になるコンサートがある。行ってみようかな」

と思ったら、まずは行ってみることです。

雑誌に気になる洋服が載っていたら、とりあえず、百貨店に探しにいきましょう。

欲しいものを買わずに貯金することは大切です。

ですが、自分の好奇心を抑える行動をクセにしてしまうのも考えものです。

コンサートに行けば、隣の席の人と会話が弾むかもしれません。百貨店に行けば最新のファッションや流行をとらえる勉強になるはずです。家にこもっていては、何一つ進歩はありません。

好奇心は自然に湧いてくるものではありません。育てるものです。

一番の方法は、少しでも興味のあることに積極的にチャレンジしていくことです。

話を戻します。

人間関係がうまくいかないからといって、内向的な人に、無理に明るく振る舞えとは言いません。

内向的な人には人の話を落ちついて聞ける、というような長所があるはずです。その長所を伸ばしていくように努力をしましょう。つねに自然体で人と接しないと結局長つづきせず疲れ果ててしまいます。

他人に興味をもてるようになったら、次に、他人が喜ぶことをしてあげましょう。言葉で、行動で、表現していくのです。

デスクワークをしている同僚にお茶を出すにしても、決められた時間どおりに出すだけでなく、疲れた表情でペンを置いた瞬間に出してあげるなどちょっとした工夫ができると思います。

そのような小さな積み重ねをつづけるように努力してみましょう。

大切なことは〝のに〟という言葉を使わないことです。

「〇〇してあげた〝のに〟あの人はお返しをくれない」

という見返りを期待すると努力は水の泡となります。

その人からはリターンはありませんが、必ず別のところから、違った形で、贈り物が返ってきます。

好奇心を育て、それを行動で表現する。そうした小さな習慣が、仕事の人間関係をよりよいものに変えてくれるのです。

相手を変えたいと思ってはいけない

「彼が言うことを聞いてくれない」

「友達が、私の注意したことを聞き流す」

「上司が厳しい口調で命令ばかりしてくる」

前項のつづきで、このように、人間関係の悩みをもつ人が、今、多くなりました。

このようなときは、まず相手に対する不満の感情が湧き上がります。そして、相手が自分の言うこと、要望することを聞き入れてくれさえすれば、万事解決すると思いがちです。

こうした考え方の根本にあるのは、相手を変えたいという発想です。

もちろん、あなたの熱意によって、相手が変わる場合もありますが、実現しない場合もあるわけで、なかなか難しいものです。

実はこのような「相手を変えたい」というのは、一見、悩みのようでありながら、実は〝欲〟である場合が大半です。

人間には本来、〝人を思うがままにコントロールしたい〟という欲が備わっているようです。そのような人は職場のリーダーになると、命令ばかりするようになったり、人事権をふりかざしたり、権威を利用しようとしたりします。

また、結婚した女性にありがちなのは、「子どもを自分の思う学校に行かせたい」「夫を思い通りにしたい」という欲です。何もこの欲を否定するつもりはありませんが、欲があるうちは、神様に見透かされているのでしょうか、相手は変わりません。

恥ずかしながら私も、夫に対して、部下に対して、不満ばかり口にしていた時期がありました。

ですが、よくよく考えてみました。私はどうだろうか、と。

「私は誰かからコントロールされたいだろうか。意のままに動かされたいだろうか。それだけは絶対に嫌だと思うはずだ。

だとすれば、夫も、部下も同じように思うだろう。だったら、私はこれから相手をコントロールしたい、と思う気持ちは捨てて、相手の人間性だけを見るようにしよう。それでよしとしよう」

このように考え直したのです。

すると不思議なことに、家庭も、会社も一定の落ち着きを見せはじめました。

ところで、西洋人は、自然をコントロールしたい、地球を征服したいという気持ちが強いといいます。

ひるがえって、私たち東洋人を見ると、八百万の神という発想があり、「自然はどこにでも神様が宿っている。本来、自分たちの思い通りにはならない」と思っています。

二十一世紀は地球環境の世紀といわれています。

私たち日本人はもっとも地球環境の改善に貢献できる民族性を備えているのではないでしょうか。

そのような大きな夢を実現するためには、まず、あなた個人の周りに調和が満ちあふれていなくてはなりません。

相手を変えたい、もっとこうしてほしいと思う心が調和を乱します。

いくら人を変えたいと思っても変わりません。

人を変えることほど難しいものはないからです。

ですが、自分を変えることはできます。

過去と他人を変えることはできませんが、自分と未来は変えられるのです。

そして、自分を変えれば世界は変わるのです。

他人から認めてもらうには

人の評価が気になる――という人は多いと思います。

そのような人は、会社でも友人関係でも、相手から自分はどう思われているのだろうか、という点をひじょうに気にします。

とくに、日本人は他からの評価を重要視する国民性があるようです。

「他人からの評価を気にするのではなく、あなた自身があなた自身に対する評価を変えなさい」ということを述べましたが、やはり他人からの評価は気になるという人は多いと思います。

では、他人からの評価を上げるためには、どうすれば、よいでしょうか。

それは「一つのことを継続する」ということです。

たとえば、掃除。

知り合いのAさんは、毎朝、会社で、誰も掃除していないところを掃除すると決めて、実行しはじめました。

皆が顔をしかめて嫌がるような汚い場所でした。

最初の一〜二週間は、周りからいろいろ言われました。

「業者にまかせとけばいいんじゃないの」

「そんな所、キレイにして、何か意味があるの」

「社長に気に入られたいの？」

ありとあらゆる悪口を言われたようです。

ですが、Aさんは反論せず、ただニッコリと笑っているだけでした。

一カ月ほどたつと周りの反応に変化が表れました。

「Aさんのこと、悪く思ってたけど、キレイになって気分がいいのは私たちね」

「Aさんは三日坊主だから、つづくはずはないと思ってたけど……」

そして、三カ月後のある日。

Bさんが A さんの前に現れました。

「Aさん。ごめんね。私、掃除をするAさんを見て、偽善だって思ってた。でも何カ月も掃除する姿を見て、これは嘘じゃない。Aさんの本当の気持ちなんだってわかったの。私にも、手伝わせて」

Aさんはニッコリ笑ってその提案を受け入れました――。

Bさんをはじめ〝悪口を言っていた周りの人〟がAさんを認めたのは、Aさんが「一つのことを継続していた」からに他なりません。

語弊があるかもしれませんが、他人は、あなたの心のなかを読み取ることはできないかわりに〝行動〟であなたを評価するのです。

あなたの〝行動〟が他人の評価を変えるのです。

よく「誰も私の気持ちをわかってくれない」と不満に思う人がいます。

これは間違いです。

人の気持ちなど、有能な心理学者でもない限り、なかなか推し量ることは難しいものです。

人は行動によって、他人に認めてもらうしかないのです。

もちろん、つづけることは掃除である必要はなく、なんでもかまいません。

痩せるため運動をつづけてみる、会社のなかで一番大きな声で挨拶する、会社に朝一番早く行く、など思いついたことを実行してみましょう。

期間はやはり、三カ月、もしくは一〇〇日ぐらいが目安となります。

一つのことを継続することによって、他人の評価を変えることができるのです。

服の効果を活用しよう

ここまで、他人の目を気にしないことの大切さを述べましたが、一つだけ例外があります。

それは、服です。

服というものには〝気持ちを切り替える〟作用があります。

看護師さんなら、白衣に着替えた瞬間、それまでボケッとしていても、気持ちが引き締まって仕事に立ち向かえると思います。

逆に、仕事着から普段着に着替えた瞬間、それまで張り詰めていた気持ちが、ゆったりとほどけていくのを感じることもできるでしょう。

この作用を利用しない手はありません。

大事なプレゼンのとき、営業で勝負をかけなければならないとき、彼とのデートのときなど、自分が一番、輝いて見える〝勝負服〟でのぞむようにしましょう。

着るだけで、気持ちが張り、自信がみなぎる服を二〜三着は用意しておきたいところです。

ところで〝自分に似合う服〟というのは〝自分の好みの服〟とは違います。

あなたは毎日、自分の好みの服を着ている、と思います。

ところが、同僚や友達はその服装を褒めてくれるでしょうか。

おそらく、自分が期待しているほどではないと思います。

自分が似合っていると思う服と、実際に似合っている服は、違うのです。

では、自分に似合う服と出会う方法をお教えしましょう。

それは自分の好みを捨て、〝人まかせ〟にすることです。

多少面識のあるショップに行ったとき、自分の好みを優先させずに、店員さんが薦める服を勇気をもって、一揃い、上から下まで、購入してみるのです。

自分が多少気に入らなくても、それが他人から見て、よく似合う服なのです。

何回かそれらの服に袖を通すうちにわかってきます。

「こんなデザインや柄の服って、私、これまで買ったことなかったけど、似合っているわ」と。とくに
「自分を変えたい」

「新しい自分を見つけたい」

「勝負服を見つけたい」

というときは、思い切って、店員さんのセンスに身をまかせるのです。

また、勝負服だけでなく、勝負下着も重要です。

「仕事の場で、勝負下着なんか関係ない」

というご意見はもっともかもしれませんが、目に見えるところだけでいいのではなく、目に見えないところも大切です。

これまで自分が着たことがないよい下着を身につけてみてください。

見える、見えないにかかわらず、気分が乗ってきます。

よい服、よい下着で完璧に揃えると、どんな場所に行っても臆することなく仕事に集中することができると思います。

その集中力と自信があなたをより一層、輝かせてくれるのではないでしょうか。

超一流をめざそう

私はこれまで四〇年間、エステのプロとして生きてきました。

その経験から、読者の皆様に伝えたいことがあります。

それは、仕事で超一流をめざしてもらいたい、ということです。

エステティックの世界では、三流からはじまり、二流、一流、そして超一流のエステティシャンがいます。

誰でも、テクニックの面からいうと、見習いからはじめなければなりません。

ですが、志、目標だけは、現在の技術に関係なく、はじめから超一流をめざしてほしいのです。

これはおそらく、どんな職業に就いている人にも言えることでしょう。

お給料をもらうためだけに、仕事をしている人がいます。

たしかに、仕事から適切な報酬をもらうのは当然のことですが、目標がお金、というのは何か寂しい感じがします。お金はあくまでも基準に過ぎません。

また、お金とは数値です。

受験勉強でも偏差値六〇という数値をめざしてがんばろう、という人はおそらくいません。

A大学合格、というように最終目標を設定している人がほとんどだと思います。

勉強する目標が偏差値六〇というのと同じくらい滑稽なのが、お金を目標にすることではないでしょうか。

もちろん、途中経過の目標として、年収五〇〇万円、一〇〇〇万円というように設定することはいいことだと思います。

ですが、最終目標としてはやはり〝超一流〟をめざしてください。

超一流とはプロ中のプロです。

プロ中のプロをめざすには、第一に〝強い覚悟〟がいります。

プロ中のプロの人というのは、自分のことをあまり考えていません。

私事を捨てて公に生きる覚悟がいるのです。

私のお店のエステティシャンたちも、美容を通して世の中に貢献していく使命をもっています。

また、音楽家でも超一流のプロというのは、自分のことだけではなく、世の中のために何かできることはないか、と考え、報酬とは関係なく、ボランティア公演などを行うことがあります。

超一流のスポーツマンも同様で、自分の報酬や記録よりも、自分のスポーツでのパフォーマンスを通じて、どれだけ観客に勇気や活力を与えることができるか、子どもたちに夢を与えられるか、などを考えています。

どんな分野の超一流のプロでも、パフォーマンスさえよければよい、と考える人は皆無だと思います。

競技場のなかだけでなく、競技を離れた場所での礼儀や競技に取り組む態度などが重要視されるのです。

同様に、読者の皆様の仕事でも、職場だけで一生懸命やればいい、という考え方は間違いです。

日々、どんな暮らし方をしているかが、とても大切です。

「部屋が掃除もせずに汚れたまま」で、職場に行ってもレベルの高い仕事はできません。

食事のメニューに偏りがあったり、食べ過ぎたりする、というのもプロではありません。生活全般すべてを超一流であるために整えなければならないのです。

超一流になるために

超一流になるためには、強い覚悟がいること、そして、職場だけでなく日常生活においても高いレベルで過ごすことが必要です。

超一流になるためには、超一流の人、ものに〝触れる機会〟を多くするのも一つの方法です。

自分より輝いている人、自分より素晴らしい人生を送っている人、誰からも評価されている人に出会うこと。そして、講演会があれば行ってみたり、著書があれば読んでみたりして、素晴らしい言葉に触れることです。

また、美術品などを積極的に見に行くようにすることも必要です。

デパートや美術館などで、自分の気に入った有名な画家の展覧会などがあれば、出かけてみましょう。

超一流の絵などに数多く触れる機会を作り、実際に見てみるのです。

画集などの本により学ぶことも可能ですが、実際の迫力には勝てません。

絵や彫刻の見方がわからないから行かないという人がいます。

もちろん、最初は誰でもわからないものです。

何度か美術館に通いながら、時代時代の特徴を少し勉強するだけで、わかるようになってきます。

そして、こういう観点で見てください。

「たとえ一万円でも、二万円でもいいから、お金を出して、自分がその絵を買いたいと思うかどうか」

この絵が欲しい――とあなたが思った絵が、いい絵なのです。

画商がつけた値段やオークションの値段はあくまでも他人がつけた基準です。

問題なのは、あなたがどう思うか、なのです。

美術館や展覧会に何度か通ううちに気に入った画家などが出てくると思います。

その画家などをインターネットや本などで調べてみましょう。

すると、その画家が影響を受けた人や、同時代のライバルなどが、わかるでしょう。これがわかればしめたもの。あなたには、〝比較できる目〟が養われ〝あなたなりの意見〟が生まれてきます。

この〝あなたなりの意見〟がいわゆる〝美的センス〟と呼ばれるものです。

〝美的センス〟にもレベルがあります。

一流の美的センス、二流の美的センス――どんな美的センスが養われるかは、あなたが〝普段どんなものに接するか〟で勝負が決まります。そこが勝負の分かれ目であるなら、なるべく超一流のものと接しましょう。

美術品で養われた美的センスは、さまざまなものに応用ができます。

あなた自身のメイクや、ファッションのコーディネート、仕事で作る企画書や広告のデザイン、店の内装など、個人的なものから会社のものまで、すべてに通用するのです。

美的センスに、先天的なものは必要ありません。

先天的なものが必要なのは、アーティスト本人だけです。

美的センスは、超一流のものになるべく多く触れ、他と比較し、自分の意見をもつことで、磨かれていきます。

努力がものを言う世界です。

あなたの美的センスが磨かれると、さまざまな仕事の場面で役に立つことでしょう。

お客様と〝気〟で交流する

私はこれまで、ここで申し上げることがためらわれるような、つらい経験をたくさんしてきました。それらをすべて乗り越えられたのは、私は〝超一流〟のプロだという並々ならぬ強い気持ちでした。

「プロだからこんなことで泣いてはいけない」

と胸を張り、挫けそうになっても上を向き、背筋を伸ばすことができたのです。

エステの施術する前は、邪念を捨て、精神統一をしてお客様と向き合います。

お客様のために、心を込めて施術をするのです。

他のことを考えながら施術をすると、それが、そのままお客様に伝わります。

テクニックはあっても、心がなければお客様は決して満足しません。

どんな仕事でも、お客様との〝心の交流〟が大切なのです。

ですから、実はエステティシャンは高いレベルの人間性が要求される職業なのです。

お客様に満足していただきたい、お客様を楽にしてあげたい、美しくしてあげたい。

その思いがエステティシャンのレベルを上げていきます。

そのなかで素晴らしい心のある人間性が培われていくのです。

ですから、超一流のエステティシャンは、施術する手からお客様の身体に目に見えない〝気〟が放射されます。その〝気〟を感じてお客様は満足されるのです。

そして、その満足は、〝気〟となってエステティシャンに返され、お客様との〝気〟の交流が生まれるのです。

以前、知り合いのエステティックの経営者から、経営不振の相談を受けました。すばらしい技術の持ち主だと評判の先生でした。ですが経営内容は相当深刻なものでし

た。そこで、私は、

「先生はどんな思いで施術されてきましたか。お金のことや経営のことばかり考えながらではありませんでしたか」

と尋ねました。すると

「最初は一人ひとり心を込めていたけれど、そういえば、最近はそうした気持ちをもつようなことはなかったかもしれない」

とおっしゃっていました。

そのような思いは確実にお客様に伝わります。その結果、「もうこのサロンには行かないな」と一人二人と去っていき、経営不振に陥ったのかもしれません。

また、ある先生にボディトリートメントを受けているときに、普段とまったく手が違うことに気がつき「どうされましたか」と尋ねました。そうすると、うつむき加減で「申し訳ございません。気づかれましたか」とおっしゃるのです。

「気持ちが不安定で、意識が施術に向かわないのです」と涙ながらに訴えます。ここ何週間か、夫婦関係がおかしくなり、夫の顔を見るだけでイライラしているとのことでした。お客様を癒そうという心になっていないことが原因でした。

こうしたことは、私でなくとも感じとれることです。

エステティシャンに必要なのは、心であり、その心が自分の手を通り、お客様に〝気〟となって放射されます。

超一流のエステティシャンは、皆、そのような施術をしています。

経験上、エステティシャンの仕事についてしか申し上げられませんが、おそらく皆様のお仕事でも同様のことが言えると思います。

どのような仕事でも、目の前には人がいます。

その人と心の交流を行える、超一流のプロをめざしてください。

仕事とは〝天職〟です

これからするお話は、非論理的であるとか、宗教的であるとかと揶揄されることもあるお話です。ですが、人生を一生懸命生きてきた人、超一流のプロと言われる人は皆、経験的に感じ、知っていることなので、ぜひお話しさせてください。

この世の中には説明のできないほど〝すばらしい力〟というものがあります。

私たち人間を形作っている力もその一つです。

親が、お腹にいる子どもの顔を作りましょう、手を作りましょうと意識したわけではありません。ですが、胎児は十月十日、お腹のなかにいる間に、少しずつ少しずつ、動物から人間らしい形へと進化していくのです。これは、現代の最新の医療技術をもってしても、何億円、何兆円かけても不可能なものです。

すなわち、これは〝神業〟です。

つまり、人間は自分で生きているつもりでも、本当は生かされた存在である——ということに気がつくべきなのです。

大自然の大きな力で、生かされているのです。

今、この時代に、この場所に、生きている人すべて〝必要な人〟だから、生かそう生かそうという力が働いているのです。

心臓も自分が意識して動かしているのではありません。

肺臓も、肝臓も、すい臓、腎臓も、同様です。

ところが人間というのは、感謝が足りない存在です。

〝自分の意識だけで生きている〟かのように錯覚しているのです。

生命がある――ということは神そのものの働きが存在するということです。

また、人間の体内には驚くべきシステムが備わっています。

母親が赤ちゃんにお乳をやるとき、実はお乳は、乳房までは真っ赤な血の状態で送られてきています。飲む直前に、乳房の作用で、ミルク色に変えられ赤ちゃんの口に入ります。温度も濃度も赤ちゃんが今、成長するのに必要なベストな状態で出てきます。

人間というのは、このような神様の仕組みによって育てられ、神様の恵みによって生かされているのです。これが理解できると
「自分はダメだ」

「自分なんてどうでもいい」

という考えが間違っていると気づかされます。

それどころか、自分にお礼を言いたくなると思います。

価値ある人生を送るためには、まずは、自分は不思議な力によって生かされていることに気づきましょう。

そして、「自分はどんな人間なのか」に気づくことが大事です。

多くの人々のお役に立つために、神様からこの命をいただいたのです。

つまり、何か果たさなければならない使命があるのです。

それが私が皆さんにお教えすることができる〝素敵な人生を送っていくコツ〟です。

「自分という人間は、偶然に父と母の下に生まれてきた。生まれてきたこと自体が、偶然なんだ」と思うと、自分自身を低く評価したり、否定したりすることになります。

同じように、学生時代に勉強ができなかった、何をやっても失敗する、美人でもない、と無意識に自分を低く評価すると、なぜかそのままの人生を歩いてしまうことになります。

人は、自分が自分を評価したレベルに応じた人生が与えられるのです。

自分は素晴らしい人間だと思えば素晴らしい人生が、自分はたいしたことのない人間だと思えば、たいしたことのない人生が待っているのです。

かく言う私自身、若い頃は「どうせ自分なんか……」という思いを強くもって生きていました。ですから若年期はまったく恵まれない人生を歩んでしまいました。

エステティックという美容の世界と出会い、こんな私にも使命があるのだとやっとわかったのです。

天職という言葉があります。

超一流のプロになればなるほど

「何度生まれ変わっても同じ仕事をしたい」

と言います。

どのような経緯で仕事を授けられるかはさまざまですが、やはり仕事は〝天からの授かりもの〟なのです。

天職に出会うためには、現在の自分は偶然生まれてきたのではないと知り、知った上で深く感謝することです。

そうすることで、神様からの〝すばらしい力〟の支えを得ることができます。

母胎で赤ちゃんが形作られるように、乳房でミルクが作られるように、あなたの人生も神様がちゃんと形作ってくださるのです。

ぜひ神様からの〝すばらしい力〟を得られるよう、努力してください。

DATE

第3章

ノートに書く前に、知っておいてほしいこと～女性の生き方について

捨てる言葉を使ってはいけない

ここからは、〝ノートの効果〟を加速させる行動、習慣を、とりわけ女性に必要なものという観点から、説明したいと思います。

人はときどき、投げやりな気持ちになることがあります。

「がんばってもしかたがない」

「どうせ、たいしたことじゃない」

このような発想は「どうせ思考」です。「どうせ」という言葉は、捨てる言葉です。将来を低く予想し、見積もる否定の言葉です。

では、なぜ「どうせ思考」に陥ってしまうのでしょうか。

それは、かつての私のように、自分を肯定してこなかったことに原因があります。

自分はたいしたことがない、いらない存在だ。子どもの頃に友人や親から、一言このような言葉を聞いてしまい、そして、そうする必要もないのに、その言葉を反復し、自分に浴びせつづけると、「どうせ思考」に陥ります。

人間は誰でも、本来すばらしいものをもっています。

もちろん個人差はあります。花にもバラがあったり、ユリがあったり、菊があったりするように個性の違いはあるでしょう。バラがもつ色の深み、妖艶さはどんな花もかないません。ユリがもつ可憐さ、はかなさはさすがのバラもかなわないでしょう。菊は他の花にはない気高さ、高貴さがあります。

他人にはないすばらしさをもっているにもかかわらず、他人と比較して自分を劣っていると思い込むのはやめましょう。それよりも長所を探し、その部分を徹底的に褒め、磨いていくことに力を注ぐのです。

自分の長所を伸ばせば、他人に負けるはずがありません。必ずその道のプロになることができるのです。

「どうせ思考」の人は、自分の人生もどうせたいしたことはない、自分は必要のない人間だ、自分が世の中から消えても困る人は誰一人いない、というような発想に陥っています。

「どうせ」という言葉とは、お別れをしてください。代わりの言葉をお教えします。

「きっと」

「もっと」

この二つです。

このような言葉は、未来志向の言葉です。「どうせ」を発しそうになったら、「きっと」「もっと」に置き換えて話をするようにしましょう。

ここで、あなたに質問です。

あなたは自分の意思で生まれてきたのでしょうか。

そうではありませんよね。

自分の意思とは関係なく生まれてきたはずです。

であれば、神様から選ばれて生まれてきたと考えてください。

今の時代に、あなたしかできないことがあるから、命をいただき、ここに生かされているのです。

必要とされてこの時代に生まれてきたからには、あなたには「やるべきこと」があるはずです。

これは「使命感からの発想」です。

人は皆使命をもっているのです。

私の会社は「美容という仕事を通じて社会に貢献していくこと」が使命です。どんな世界にも使命はあると思います。政治家でもそう、スポーツ選手でもそう、ビジネスでもそう、宗教でもそうです。

「自分さえよければよい」「自分の収入さえ増えればよい」「自分の会社さえ儲かればよい」——そのような個人や組織は遅かれ早かれ潰れるでしょう。

使命感をもつ人だけが幸せを手に入れることができるのです。

使命感をもちましょう

使命感をもてるようになると不思議なことを体験します。

あるとき講演で、自律神経の仕組みや作用について話をしなければならないことがありました。すると講演先に向かう飛行機のなかで、何気なく開いた新聞の紙面に自律神経のことが詳しく書かれてあり、大変役に立ちました。

使命感をもつということは、世界にサーッと一筋の道ができあがることです。たとえて言えばそれは舗装道路のようなもので、あなたがすべきことはクルマのアクセルを踏むだけという状況です。

しかし、使命感がないとあなたの人生はまるで砂漠を彷徨うように、道なき道を苦しい思いをして進むことになります。にもかかわらず、その努力が報われないのです。

また、講演で、よく主催者の方からいただくお褒めの言葉があります。それは

「河村先生の今日の話は、私が皆さんにしてほしいと思っていたズバリそのままのお話でした」

「先生のお話は、まるで自分のためにしてくださっているような内容でした」

といったお言葉です。自分で紹介するのも気が引けますが、そういった不思議なことが起こるのです。

講演をするとき、私には〝私心〟が微塵もありません。そこにあるのは強い使命感だけです。

台本も用意しません。そのため、何をしゃべったかも覚えていないぐらいです。

使命感をもって人のために伸びようとする人はどこまでも伸びていけます。逆に、〝私心〟がある人というのは、どんどん退化していきます。

これまで、たくさん講演をさせていただきましたが、失敗したことが三回ありました。そのときのことはよく覚えています。

「今日は偉い人がたくさん来ているので、うまく話したいな」

「全国の有名なエステサロンの店長ばかり来ている。いい話をしてあげよう」

このように私心があるときは何をやってもうまくいかないものです。

あなたの仕事も同じで、自分のために仕事をしている人というのは、進歩に限りがあると思います。

お客様にキレイになっていただこう。お客様に喜んでいただこう。自分のためではなく、誰かのための発想ができる人は、どんどん能力を開花させることができます。

自分のことを常に思い、自分を中心に行動をしている人はつねに不安です。そして、自分が本来もっている潜在能力も発揮できません。

人のためを思い、行動している人に不安はなく、余裕があり、おおらかです。

映画監督の宮崎駿さんは、現代を「不安と神経症の時代」とよんでいますが、それは多くの人が自分中心に生きているからではないでしょうか。

コップはコップのためにあるのではなく、人に水を飲ませやすくするという、コップ以外のもののために存在します。机は、ものを置くことによって、机以外のもののために存在します。

コップが「水を入れないで」とか、机が「ものを置かないで」とは言いません。

人も同じです。自分のために生きているのではないのです。

自分以外の人のために自分がいるのです。

自分という殻を破り、他人のため、社会のために活躍していこう――。

このように思って毎日を過ごすだけで、いつしか、不安な気持ちなど消し飛んでしまっていることに気づくはずです。

幸せと不幸せの〝小さな差〟

人間のもっている能力に大きな差はありません。

人間は、一人ひとりがかけがえのないすばらしい存在です。

ですから、努力をすれば誰だって自分の夢や目標をかなられます。ところが、マイナス思考の人というのは、できる人との〝小さな差〟を、自分のなかで乗り越えられないほどの〝大きな差〟に置き換えてしまい、「あの人みたいになれない」「あの人は天才だ」と決めつけ、夢や目標を諦めようとするのです。

美人と言われる人と、そうでない人の差というのも、専門家から見ると、大差はありません。

たとえば目を見開くと、両者の大きさは一センチも変わりません。鼻の形や大きさで悩んでいても、両者を比較してみるとたった数ミリの差である場合が多いのです。そんな数センチ、数ミリの差は適切なメイクやエステによって、見違えるように変わります。

数ミリ、数センチの小さな差で悩むのはやめて、この小さな差を利用して、人生を幸せにする方法を皆さんにお伝えしましょう。

それは

「口角を五ミリ引き上げてニッコリ笑う」

ことです。

簡単だと思いませんか。

本を読む手を止めて、手鏡でも見ながらニッコリ微笑んでみてください。微笑む際に、意識して口元を上に引き上げましょう。最初は「口元を上げる」と言われても突っ張った感じがあるかもしれません。ですが、一～三カ月ほどつづけていると、口元が適度にゆるみ、自然に口角が上がってくるのを実感できると思います。

こうなったらしめたもの。その頃にはおそらく、「〇〇さん、最近明るいわね」「キレイになってきた感じがする」など周囲からのあなたに対する評価が変わってきていることに気がつきます。

口角を五ミリ、上方に引き上げるだけで、顔全体の表情が素敵になるのです。なんて簡単なエクササイズだと思いませんか。

人間の顔というのは、常に「あるもの」と戦っています。もちろん紫外線などもその一つですが、実は最大の敵は重力です。顔についた余分な脂肪などが老化とともに下に垂れ下がってくるのです。頬の筋肉、脂肪が下にたれると、いわゆるホウレイ線がくっきりと強調されるようになり、それだけで年老いて見えます。

口角を引き上げるとホウレイ線が目立たなくなります。常に引き上げておく習慣を身につけておくと、それが重力に対する支えとなります。

たった数ミリの差が人生の明暗を決めるのです。口角を数ミリ上方に上げるだけで、あなたは確実に幸せな人生を手に入れることができるのです。

逃げなければツイてくる

「あの人はツイている」「あの人はツイていない」ということがよく言われます。

つねに自分をツクような状態に置いておかなければなりません。

運は自分が呼び込むものだからです。

一〇年前、美容業界のコンサルティングを中心に活動していた私は、顧問先の若い女の子が五人、独立して自分たちの理想とする店を作りたい、という熱意にほだされ、自分の店をはじめることになりました。

ですが、顧問先に迷惑をかけるということと、常日頃から自分の夢をもちなさい、と言いつづけてきた〝狭間〟で悩みました。そのとき、偶然読んでいた、京セラ会長の稲盛和夫さんの著書のなかにこのようなことが書いてありました。

稲盛さんは、第二電電（現・ＫＤＤＩ）を作るとき、役員全員から猛反対を受けました。ですが、自分の内側にしっかり問いかけ、私心がないことを確認すると、事業をはじめることを決意したというのです。

その後の成功譚はご存じの通りですが、その本を読んだおかげで私も「自分のために会社を興すのではない、これからの美容業界をしょって立つ若い人のために会社を興すんだ」と自分の心を確認でき、私心がないとわかったので、起業を決意しました。

資金も足りませんでしたが、他の顧問先の社長方が、「何かとご入り用でしょう。ご自由にお使いください」と資金提供を申し出てくださいました。

人とお金がそろい無事お店はオープンしましたが、すると、なぜかスタッフの和が乱れるのです。業績も上がりません。スタッフの給料日前なのに会社の口座に残高はなく、昨日「がんばります」と張り切っていた新入社員が今日は「辞めたい」と泣きついてくる……そんな有様でした。

ですから、必然的に社員たちを責めることになります。

「あなたたちがはじめたいと言ったお店なのにどうして仲良くできないの？　嫌なら荷物をまとめて帰りなさい」

お店の雰囲気は、どんどん暗くなっていきました。

そんなとき、稲盛さんの言葉を再び思い出しました。

「会社で起きる問題は九五パーセント、経営者の責任である」

私はそれまで、さまざまなトラブルは、お店のスタッフに原因があると思い込んでいました。社員を変えなければと、常に心をわずらわせて悩みつづけていました。

ですが、人を変えることほど難しいことはないのです。自分に責任があるのであれば、自分が変わればいい。そう思ったとき、私はすごく楽になりました。また、社員を変えなければと思っているうちは、社員は変わらないのだと気づきました。

そして、「私が変わらなければ」と心を前向きに努力する日々がはじまりました。

経営上の諸問題に真正面から向き合って、一つひとつ解決していくようになったのです。

ある問題から逃げると、同じ問題がより大きくなってもう一度自分の前に現れてくる——私はそう思っています。

「今、自分の目の前にある問題は、乗り越えるためにあるんだ。乗り越えたらもうその問題は自分に二度と起こらない。解決後は、今の自分よりも確実にレベルアップしているはずだ。だから、問題は自分を成長させるためにあるから、逃げたらもったいない」

こう思えるようになりました。

目の前の問題から逃げ出さないことが、自分をツク状態におく、はじめの一歩なのです。

解決できない問題は起こらない

不思議なことに、私が問題から逃げ出さないと決めた瞬間、雑誌や新聞から次々と取材が入るようになりました。

雑誌に掲載されると、お店の電話は鳴りっ放し。多いときには、一日に二〇〇〜三〇〇件ものお客様からの問い合わせが殺到しました。

今、自分が抱えている問題は、自分で解決できる問題だ——そう思って、問題に正面から向き合い、一つひとつ解決していくと、心のレベルがどんどん上がっていきます。ですから、私は問題から「逃げたらもったいない」と思います。それは、自分を成長させてくれる栄養素のようなものだからです。

人間は、歳をとると皆賢くなるわけではありません。実際は七十歳になっても八十歳になっても、幼稚な人はいるし、若いときにも増して、頭は固くなっていくのです。問題から逃げない、そうすることが自分を向上させる唯一の道です。

繰り返しますが、解決できない問題は起こらないのです。今、起きている問題は今の自分で解決できる能力も力もあるから起きているのです。

私はこの「解決できない問題は起こらない」という言葉で、多くのつらいことを乗り越えることができました。

問題に直面しているときというのは、想像以上に困難なものと思いがちです。

私は現在の仕事をはじめる前、お金の苦労ばかりしていました。私が生活費を工面するだけでなく、夫が借金を作ってくるのです。とてもとても人様には言えないような額の借金です。普通に考えれば一生かかっても返せない額です。

ですが私は逃げませんでした。「問題が起きるということは、乗り越えられるから起きているんだ」と考えたからです。結局、一生かかっても返せないと思った借金は一〇年程度で返済することができました。

返済することで、私は大きな力を得ました。やればできるという自信もつきました。問題と向き合ってはじめて、ツキがめぐってくる状態に自分を置くことができるのです。

前を向いて生きているということは、未来に向かって今を生きているのと同義です。未来に向かって生きている人は、華やかで積極的、笑顔も素敵だと思います。

ところが、その反対の人も大勢います。

「昔はよかった、学生時代はよかった」

もし過去を振り返るとしたら、そこから教訓を読み取れるときだけ、にしておいてください。

「過去が現在を生み、現在が将来を招く」という法則は古今東西不変です。過去を悔やんでも過去は変わりませんが、未来は変えることができます。

自分に与えられた問題は、必ず解くことができると思ってください。

心を整える方法

テレビや週刊誌というのは、ネガティブな題材を好んで扱うことが多いようです。

なぜなら、人間には、殺人事件、不倫、交通事故など、マイナスの情報を知りたい欲求があるからです。人は〝幸せには鈍感〟で〝不幸には敏感〟と言われる所以です。

毎朝、テレビのリモコンのボタンを押すと、マイナスの話、あるいは人を攻撃、非難する言葉があふれています。三六五日、聞いていると自分がどんどんネガティブになっていくのがわかります。

そして、気がつくと、人を非難ばかりする心のクセがついてしまいます。

ですから、意識してプラスの情報を取り入れたり、自分でプラスのことを考えたりする努力をしなければなりません。

では、日常からプラスの発想していくためには、どのような努力が有効でしょうか。

それは〝美しく生きる〟ように努力をするのです。

毎日丁寧にシャンプーをして、しっかり丁寧に洗顔して、きちんとスキンケアをする。お気に入りの寝巻きを着る。朝起きて、腹式呼吸を数回してエクササイズをして、水をコップ二杯飲む。シャワーを浴びて、おいしい朝食をとる。髪を整え、メイクをし、スーツやワンピースに着替えてヒールを履いて出かける――こうした美しくあるための行動の一つひとつが、心をプラスに転じ、心を明るくするのです。

本当に女性は不思議です。

外見を磨き、整えることで、心も整ってくるのです。

また、意識して内面を整える努力も必要です。

常にマイナスのことを考えていると、それは、だんだんと表情に蓄積されていきます。なぜならば、毎日毎日、一瞬一瞬の心の状態の蓄積が、今日のあなたの今の〝顔〟だからです。

今、この瞬間、考えていることがあなたの明日の顔を作ります。

何度も申し上げますが、内面の変化は、一瞬のうちに肌に伝わります。「大勢の前で挨拶しなければならない、恥ずかしい」と思えば、すぐに顔は赤くなります。暗闇で誰もいないはずの場所で、人影のようなものがサッと動いた、となれば鳥肌が立ち、顔は真っ青になるでしょう。

肌は正直です。あなたの気持ちを隅から隅まで映し出す鏡のような存在です。

ですから、顔の表情、肌を美しく保つためには、あなたの内面が大切なのです。つねに明るく、前向きに、なんでも感謝できるような気持ちで日常を過ごすことが美しくある秘訣なのです。

ある女性が一人現れただけで、周りの皆の表情がパッと明るくなる――女性であるならばそんな友達が一人や二人必ずいると思います。そんな友達は例外なく、キレイであり美しいはずです。芸能人や女優さんでもかまいません。どんな女性でも憧れや目標とする人が必ずいると思います。

苦しいとき、ストレスを感じたとき、マイナスの情報と接してしまったときに、考えるのです。

「私の憧れるあの人ならば、この状況をどのように考えるだろうか、どのように乗り切るだろうか」

そう考えてみれば、するべきことがおのずと浮かんでくるはずです。

女優さんが美しいのは、先天的な要因だけでなく、つねに人目を意識して立ち居振る舞いに気をつけ、仕事への強い情熱をもっているからこそ、です。

その努力や内面の心のあり方、美に対する妥協のない緊張感が、彼女たちを一層魅力的に見せているのです。

素敵な雰囲気の作り方

現代は、時間的にも、精神的にも、余裕がない時代だといわれています。

このような時代に、あなたの人間的な優しさや、個性というものを、時間をかけて正当に評価する余裕は多くの人にはありません。そのため、より重要視されるようになってきたのが〝第一印象〟です。

ある国立大学の心理学教授の実験によると、人は他人に会った瞬間、たった三秒でその人物の性格などに対して一定の推論、評価をくだす能力があるそうです。

さらに、他の実験によって人の第一印象は○・六秒で決まるという説もあります。

第一印象で大切なのは、ファッションや化粧といった技術面も大切ですが、やはり一番の要因は雰囲気です。

美しさの源は無意識のうちにかもしだす雰囲気です。雰囲気は鏡に映りません。実は、美形と呼ばれるような人であっても、その人のもっている雰囲気が悪ければ美しいとは思われません。

では、自分の雰囲気をどうやって知り、いい雰囲気をつくればいいのか。

その答えは、やはり心にあります。

暗い心には、暗い雰囲気が、自信のない心には、自信のなさそうな雰囲気が宿ります。明るく、オーラのあるような雰囲気を身につけたければ、心をそのように変える必要があるのです。

もう一つ、第一印象を大きく左右するものがあります。

それが、肌です。

透き通るような肌で、頬がほんのり赤みがかった血色のよい健康的な顔、というのは老若男女の区別なく、人からよい印象をもってもらえる確率が高いように思います。

顔のつくりがいくらよい美人でも、肌が青みがかっていたり、黒ずんでいては、相手にどうしても暗い印象を与えてしまいがちです。

顔のつくり自体は、先天的なものであり、整形する以外、努力が報われるものではありません。ですが、肌は別です。肌の状態は、その人の現在の状態であり、磨けば磨くだけ光るものなのです。

忙しい時代、余裕のない時代だからこそ、第一印象をよくするよう努力しましょう。

第一印象をよくするには、顔の肌をキレイにすることです。

素肌美人は、どのような人や組織からも好かれ、必要とされるのです。

あなたを変える7つの言葉

同僚は、私をどのように見ているだろうか。

友達は、私をどんな存在だと思っているだろうか。

会社の上司から、私はしっかり評価されているだろうか。

このように、人が考えることの多くは「他人が自分をどのように見ているか」です。

ですが、私は本当に大切なのは、自分が自分をどのように見ているか、だと思うのです。「私はいつも運が悪いな」「私は自分のことが嫌いだ」というように、自分をマイナスに見てはいけない、というのはすでに述べた通りです。

自分を否定する――という行為は、一見、謙虚に見える行為です。

でも、人間関係のなかで「私なんか、たいしたことないよ」と言いつづけてみてください。最初のうちは皆「そんなことないよ」とお付き合いで否定してくれるでしょうが、そのうち何の反応も返ってこなくなるでしょう。

それは、ある意味でお世辞を言わされていることと同じだからです。

謙虚も度を過ぎれば悪です。

もちろん、人前で「私はすばらしい」「私は運がいい」と言うのもはばかられるものがあります。

しかし、誰もいない自分の部屋で、自分を褒めてあげるのは、自由です。

思う存分、自分を褒める言葉を自分にかけましょう。

自分を褒める言葉をノートに書くのです。

ノートに書くという行為は、腕を使います。書いた文字を心のなかで読み返します。

書いた文字を目で見て脳が認識します。このように、ノートに書くということは、さまざまな感覚器から二重、三重になって情報が入ってくるため、強いのです。「私はすばらしい」と毎日ノートに書くということには、書いて、身体を使って自分に成功を信じさせる意味があるのです。

私がお薦めする、自己改造のための七つの言葉をご紹介しましょう。

1　私は私を許しました
2　私は私と和解しました
3　私は私が大好きです
4　私は私に感謝します
5　私は私を愛します
6　私は私を祝福します
7　私は私を信じます

これらを毎日、声に出して、あるいはノートに書いてから寝入るようにしてみてください。

自分を褒めることが、他人とよき関係を築く第一歩になります。

いつでも満面の笑みが出るように

口角を五ミリ引き上げるというお話をさせていただきましたが、笑いというのは不思議なもので、何千、何万種類のほ乳類のなかでも笑うのは、人間とサルだけだそうです。

笑いのルーツにもいろいろありますが、実は、口に入った毒などを吐き出そうとする動作が進化したと考えられています。物を吐き出そうとするとき、哺乳類は口を横に広げて口角を後ろに引き、歯を出し、舌を突き出します。それは、有害なものが吸い込まれないようにするためだということです。

笑いは、毒素を外に出し、健康になりたいと願う行動なのです。

現に、笑ったとき、体内でどんな変化が起きるかというと、副交感神経が優位になります。これにより脳がリラックスすることで集中力や記憶力が高まり、ひらめきや新しい発想が起こりやすくなるそうです。

そして、笑いには悪性のウイルスやガン細胞を退治する効果もあるそうです。笑うと、ベータエンドルフィンを含んだホルモンが脳内で大量に分泌され、身体が疲れを感じにくくなります。また笑いは、思いのほか体中の筋肉を使用することがわかってきており、とくにお腹まわりの筋肉を使用し、腹式呼吸を促す効果も期待できます。

なにより、このような効果もさることながら、魅力的な人、ツキのある人というのは、人前ではいつも笑顔です。それも引きつった笑顔ではなく心からの笑み、です。引きつった笑い、なら誰でもできます。でも、お付き合いでしている笑いは、怖いほど人に見破られます。

付き合い笑いを脱出する方法をお教えしましょう。

それは、どんな人にも満面の笑み、でほほえみかけることです。

目をぱっちり開き、口角をしっかりと引き上げ、気持ちを入れて相手にほほえみかけるのです。これ以上の笑顔はない、というぐらい大げさに、です。

まずは、鏡で自分の笑顔を見てみてください。自分でもやり過ぎかなと思うぐらいでかまいません。

よく「女は愛嬌」だと言われます。

愛嬌とは、笑顔です。

仕事も愛嬌です。とくに営業の要素が含まれた仕事は、笑顔で仕事をとることができます。お客様はあなたの笑顔だけを見て、あなたと契約しようかどうかを決める、と思っていいただいて間違いありません。

卑屈な笑顔、何か含みのある笑顔、引きつった笑顔では、やはり契約はとれないでしょう。お客様が見たいのは、営業する人の「満面の笑み」です。この人と契約したら、喜んでくれるだろうか、と期待して契約するのがお客様なのです。

お客様の前で最高の笑顔が出るように常日頃から練習をしておきましょう。

ですから、日常生活すべてが練習の場所になります。

私たちの職場ではよく、全員で大きな声で笑う練習をしています。大きな声で、五分、一〇分笑っていると、なんだか嬉しくなってくるのです。

両親に対して、友達に対して、パートナーに対して、いつも最高の笑顔で接するようにしてください。そうすると、いついかなるときにも、最高の笑顔が出るようになるのです。

〝もらう〟女性から〝与える〟女性になりましょう

結婚は人生のゴールではありませんが、大きな節目であることは事実です。

たとえば、結婚する前と後では、男性の態度が変わることは少なくありません。

結婚するまでは、あなたのことをチヤホヤしてくれますし、お金も時間も存分に使ってくれることでしょう。

どこかに行きたいとあなたが言えば、ガイドブックを見て研究してくれるでしょうし、もちろんその目的地までは送り迎えしてくれることでしょう。

また、婚家に恥をかきたくないこともあり、あなたの親も結婚まではあなたにお金や労力をことのほか使ってくれると思います。

ですが、結婚してからは、この状況はガラリと変わります。

その認識がないと、夫に対して、もっとよくしてほしい、大切にしてほしいと、独身時代の思いを引きずり、要求ばかりが多くなります。最近では、男性も母親から過剰に愛情を受けていますから、その延長線上で妻に「ああしてほしい、こうしてほしい」と言い、聞いているだけで疲れてくることでしょう。

これではお互いに要求の出し合いとなり、ケンカばかりの結婚生活になります。

ケンカになっても、妻は夫に男らしさを要求します。「こんな些細なことですぐに私に怒って男らしくない」と不満をもちます。夫は妻に「おまえ、それでも女か」と怒り返します。

お互いがお互いを非難し合うことから関係が悪化しはじめます。

人間は本能的に「愛されたい」「褒められたい」「認められたい」「人の役に立ちたい」「自由でありたい」と願っています。ですから、女性がすべきことは、まず男性をこれらの点で満たしてあげることです。

これは、ひじょうに難しいことだと思います。

愛されたいと思っている人は、人をまず愛しなさい、ということだからです。

つまり、自分の出した愛情が同じ分だけ戻ってくるのです。

親という存在は、子どもを一方通行的に一〇〇パーセント愛してくれますが、普通、夫婦の愛は五分と五分です。ギブ&テイクです。自分がパートナーに対して、与えた分だけしか返ってこないと考えた方が正解です。

とくに、夫婦になるとパートナーを褒めるということを忘れがちです。

部下でも上司でも、同僚でも、誰でも、よい人間関係を作り、保つコツはお互いに褒め合うことでしょう。ですから、いい夫婦の関係を築こうと思うならば、普段の人間関係がそのトレーニングになるはずです。

私の知り合いの夫婦の話です。朝、夫が会社に出勤すると、部下に今日までにしておくようにと指示した仕事ができていませんでした。

普段なら、イライラし、部下を怒鳴りつけるところなのに、なぜか心は穏やかでした。結局部下には落ち着いて感情的にならずに注意することができました。なぜだろうと思っていると、夫はある出来事を思い出しました。

今朝、出勤のため家の玄関から出た直後、奥さんが窓から顔を出して「あなた、今日はとても素敵よ！」と声をかけてくれたのです。きっと、そのおかげだと思い、「君の朝の一言で、一日中、気分よく仕事ができたよ」と、夫は妻に感謝をしました。

まず妻から夫を褒め、認めましょう。

彼、彼女の関係でも同じです。

パートナーからの愛情や感謝は、もらうのではなく、与えるのです。

家庭をうまくコントロールする方法

男性は、本質的に、女性を喜ばせたいと思う存在です。

ですから、女性は、喜びの表現をすれば、パートナーとの関係をよりよいものとして継続することが可能になります。

結婚当初、私の夫が、バラの花束を買ってきてくれたことがありました。

そのとき、ただ喜んであげるだけでよかったのに、「どうせ枯れるのに」と思って、「ありがとう」が言えませんでした。これでは、夫が「かわいい妻」と思うことはできなかったでしょう。

またあるとき、出張から帰った夫が「スカーフにしようか、ネックレスにしようか迷ったあげく、ネックレスにしたよ」と、お土産を差し出してくれたときでも、「スカーフがよかった」と、夫をねぎらう言葉が出ず、逆に批判するような表現しかできませんでした。

思えばその後、夫から私へのプレゼントはなくなり、代わりに喜んでくれる女性のところにプレゼントがいくようになりました。もちろん、そのことに気がついてからは、小さなことにも大きく喜びの表現をするように努力しました。とはいえ、そのような夫との関係性は、そのまま〝子どもの様子〟となって出現しました。

夫とケンカばかりしていると、子どもの成績は上がらず、学校でケンカをしてきたり、大けがをしたり、何かと子どもが〝安定〟しないのです。

この例は、私の場合ですが、ほかにも、不登校、引きこもり、鬱状態、情緒不安定、いじめなど子どもをめぐる問題は山積みですが、その元はやはり、夫婦の関係にあると思います。

夫、妻、子どもは、家族という一つの船に乗っていると考えてください。毎日、揺れる船に乗っている子どもは船酔いするでしょう。それは男性が女性の本性を理解し、女性が男性の本性を理解できていないからだと思います。

夫と妻は、まったく違う家庭環境で育ってきたのですから、夫婦の価値観は違っていて当たり前です。お互いにその違いを認め、受け入れることです。

そのためにはまず、女性から男性を立てることです。

「そんな古くさいことを」と思われるかもしれませんが、男性のプライドを正しく理解し、大切に育てると、その男性は無限に頼もしく立派な男性に成長し、妻や子どもを深く愛してくれる最高の存在になります。

夫を立てるということは、たとえば、意見を言い合っても、最後の判断は思い切って夫にまかせることです。

私の経験上、必ず夫の判断が正しかったという結果が出ています。これは私たち夫婦だけの問題でなく、「天地の法則」です。ほかにも、引っ越しや起業の問題などで、長い目で見ると、夫の決断は正しいと何回も納得させられたことがありました。

男性がしてくれたことに対しては、常に、喜びの表現で返すように努力しましょう。たとえ、それが自分の意に添わぬことでも、まず「ありがとう」と感謝を表現してから自分の思っていることを伝えるようにするのです。

一つの家庭を平和で穏やかなものにする——これがすべての女性に課せられた大き

な役割ではないでしょうか。

外見の磨き方

神様は、男性をたくましく、女性を美しく作られています。

肩、胸、腰などの身体のライン、皮膚もすべて男性より女性の方が美しいと思います。

私は、美しさというのが、女性本来がもっている性質であるならば、その部分に磨きをかけることが美しさにつながっていくと思うのです。

さきほど、第一印象が大切だというお話をさせていただきましたが、〝女性の美しさ〟は周囲の人々に癒しと喜びの両方を与えます。男性ばかりの職場に女性が一人入ってきただけで、それまでの殺伐とした雰囲気がまったく違ったものになる、ということは普通のことです。

本来、男性とは、女性がそばにいてくれるだけで、幸せな気分になる生き物なのです。

また、母親が美しくキュートならば、子どもは幸せです。

オシャレをするためには、化粧品、エステ、洋服など、たくさんお金がいると思いわれがちですが、お金をかけたからといって、キレイになれるとは限りません。毎月一万円、オシャレにお金を使える人、毎月一〇万円使える人、さまざまだと思いますが、その範囲のなかで精一杯努力をしてほしいのです。その努力はあなたのセンスとなって仕事や日常生活にきっとプラスに働きます。

たとえ、家のなかだけで着るような普段着を買うときでも、色、素材、形状など、思いきり考えて、購入するようにしましょう。その一つひとつの購買経験があなたを、より素敵な女性にランクアップさせてくれるからです。「安いから何を買っても一緒」では、あなたの服装のセンスは何年経っても磨かれないでしょう。

オシャレは、自分のためはもちろん、家族やパートナーなど、大切な人のために、あります。

オシャレに関心のない人は、顔にシミがあろうが、シワがあろうが気にしません。背中が丸くなっていても、お腹がぽっこり出てきても、無神経です。このような無神経さと縁を切るためには、目標をもって、日々努力しなければなりません。どんな三十代になりたいのか、どんな四十代になりたいのか、目標を定め努力するのです。

お店のある神戸の街を歩いていてよく思うのですが、ハッとするぐらい若々しく素敵に歳を重ねている女性がいらっしゃいます。

きっと目標をもって、毎日の生活まで正しく律していらっしゃるのでしょう。そんな人はすれ違った他人にも幸せを与えます。

美しい顔、そして肌は、すぐには手に入りません。今日の一日、明日の一日という地道な積み重ねで、はじめて手に入れられるものなのです。

嫁いびりという言葉がありますが、女性は自分が醜くなると、意地悪になる傾向があるようです。女性も、十八〜二十歳という年齢を越えたら、大人の女性として美しく歳を重ねる努力をしなければなりません。日々怠らず努力することです。免疫に関わる胸腺は十六〜十七歳から衰えてきます。そして、十八〜十九歳をピークにすべての機能が衰えてきます。何もしなかったら一年後、今より間違いなく老いています。

日々の生活での小さな努力を積み上げていくことが、あなたの第一印象をよくする、地道ながら、確実な方法だと言えるでしょう。

知的な美しさの作り方

現代人は本を読まないと言われます。

自分に必要な情報はすべて、携帯電話の画面やインターネットから得ているという人もいると思いますが、画面をいくら眺めてもあなたの知性は育ちません。

女性にはさまざまな美しさがあります。妖艶な美しさ、可愛らしさ、明るさ、ほんとうにさまざまですが、〝知的な美しさ〟といったものも存在します。

では知的な美しさは、どのようにして育てるのでしょうか。

自分の人生に目標をもち、それを達成するために多くの人と出会い、その出会いを喜ぶことです。

人との出会いとは、実際に対面して会うことだけではありません。

読書も、その本を書いた著者との出会いなのです。

できるだけ多くの本を読み、多くの人と出会ってください。

ページを行ったり来たりしながら、表現を味わい、行間を読み込んでください。良質の本を読んで、あなたがその本に対してどのように考え、また感じたかが、教養です。

その教養が〝知的な美しさ〟を作り上げる基礎となるのです。

知的な女性とは、言い換えてみれば好奇心が旺盛です。どんなことでも知りたい、どんな場所でも行ってみたい、いろんな人間に会ってみたい――このような人は行動力があります。自然と顔つきも明るく、華やかなものになっていきます。

毎日の通勤時間や就寝前など、一〜二時間を確保して、読書の時間にあててください。そしてただ読み進めるというより、読みながらじっくり考える時間も並行してもってください。

たとえば、松田聖子さん、人によって好き嫌いが分かれますが、彼女は知的な面でもすごく努力しています。いつも何かの本を読み、何事に対しても好奇心をもつよう努力しつづけています。郷ひろみさんも、ただのアイドルではありません。休日や移動時間には膨大な量の読書をこなし、知性の面で自分を磨きつづけていらっしゃると、うかがったことがあります。

たしかに、俳優やモデル、アイドルは、若いときは、もてはやされます。ですが、年齢を重ねるごとに顔かたちのよさだけでは通用しなくなるのも事実でしょう。私たち一般人も同じことです。女性は歳を重ねるほど、知的な好奇心をもち、知性を磨くことで、美しさを保つことができると思うのです。

背筋を伸ばしてみませんか？

「第一印象が大事」「外見が大事」ということを、おもに美容とファッションの観点からお話しししました。

もう一つ、大事なのが姿勢です。

最近の女性は、一昔前に比べて、背も高くなり、スタイルもよくなりました。

ところが、背が高くなった分、背中を丸めている人が多いように思います。

一度、何人かの若い女性に、尋ねたことがあります。

「どうして背中を丸めているの？　胸をしっかり張った方がいいんじゃないの」と聞きましたが、返ってきた答えは、驚くことに、

「胸を張っていると、友達から『偉そうだ』と言われたんです」

というものでした。ここでも〝人からの評価〟が見え隠れします。

語弊があるかもしれませんが、人はどうでもいいのです。

胸を張らないと背中が曲がり、みすぼらしく見えるだけでなく、背筋、腹筋、両方の筋肉が退化していきます。

おばあさんになればどうしても背中は曲がってきます。

若いときから、自ら曲げる必要はありません。

椅子に座るときなども、浅く腰掛け、自信をもって背筋を伸ばしましょう。

江戸時代などは、武士階級以外の人間は、それこそ〝偉そうに見えるから〟という理由で背筋を伸ばすことが許されませんでした。

でも現代は違います。背筋を思いっきり伸ばす自由がある時代です。思いっきりのびのびと生きてみましょう。

身だしなみについて、もう一つ気になることがあります。

それは、〝口を開けている〟女性が多いことです。

笑顔になったときに、自然に口が開くのはよいのですが、常時、一～二センチほど口をポカンと開けている女性がいます。

口はいつでも閉めておきましょう。

食事のときも開いていたら、クチャクチャ音がして恥ずかしい思いをします。

おそらく、鼻炎などを放っておくと、慢性的に鼻が詰まっていて、呼吸が苦しくなるので、開いてしまっていると考えられます。

口が開いていると、口のなかの常在菌が活発に働いてしまい、その結果、口臭がひどくなります。

こうなるとガムを噛んでも、ニオイ消しの飴をなめても、なかなか治りません。

鼻が詰まっている人は放っておかず、耳鼻科に通うなりして、早期に治してしまいましょう。
呼吸が楽になると、頭も身体もスッキリします。
そのスッキリした感覚で、日々を過ごすのです。
口元がすっきりすると、それだけでキュートで美人に見えるという効果もあります。
背筋を伸ばし、口元を引き締めるのは、女性の基本的な〝身だしなみ〟です。

お肌と脳の関係

今でこそ、エステティックは社会的に認知されている職業の分野ですが、数十年前、同窓会などに出席して
「今どんな仕事しているの？」
などと聞かれ、「エステ」と答えると
「エッ、そんな仕事怪しくない？」

とよく言われたものです。

エステは女性に美と健康を取り戻す、すばらしい職業であるにもかかわらず、一部の強引な勧誘をしていた会社の存在などもあって、多くの人にその姿が正しく伝わっていなかったように思います。

では、なぜ、私が化粧品会社を辞めてまで、エステティックの道を志したのかと言えば、女性が生き生きと美しく生きるには、もっとトータルな美を提供したいと思ったからです。

端的に言えば、美とは、ホルモンと精神によって形成されます。

たとえば、ニキビができたら、皮膚科に行ったり、ニキビ専用の薬を使ったりしますが、薬やお医者様にできないのは、癒しです。

皮膚と脳はつながっています。

つまり、皮膚にさわることは、脳にさわることになります。

「皮脳同根」という言葉がありますが、皮膚と脳は同じ場所からできているのです。

ですから、ストレスをいっぱい抱えながら、美しく生きることはできません。

女性をストレスから解放してあげることが、エステの最大の使命なのです。

エステを受けることで、自律神経が安定し、ホルモンのバランスがとれます。

女性ホルモンが、肌目の細かさ、つややかさ、透明感、モチモチ肌を作ります。

反対に、ホルモンバランスがとれなくなると、ごわごわ、ざらざらの肌になってしまいます。

とくに女性は、何にもとらわれず、ゆったり癒されていく時間が大切です。

医療とコラボレーションをとってエステを受けると、免疫細胞の数が増えることも実証されています。

このような皮膚と脳の関係を知れば知るほど、私は、エステが女性の美の実現になくてはならない不可欠な仕事であり、この仕事をまっとうすることが、自分の使命であると強く認識したのです。

美意識と美容意識

いかに生き生きと美しく生きるか——。

私たちエステティシャンは、日々そのためにお客様のサポートをしていくのですが、私たちのサポートよりも大事なのは、本人の意識のもち方です。

実は美に対する意識のもち方には、二つあると私は思っています。

美意識と美容意識です。

同じような言葉ですが、違います。

美意識というのは、感覚的、先天的なものであり、瞬間的なものです。

美容意識というのは、論理的、後天的なものであり、日々努力してつづけることを意味します。

二つのうちどちらが大切だと思いますか。

賢明な読者の方ならもうおわかりだと思います。

美容意識の方なのです。

私たちのお肌を美しくたもつためには、生まれつき肌がキレイということよりも、日々の意識のもちようが大切であり、自分が論理的に納得したことを日々実行していく継続力が必要です。

毎日、美容意識をもち生活するというのは〝言うは易く行うは難し〟です。

そこで大切になってくるのが、本書で何度も述べている〝目標〟なのです。

目標をぜひ、もってください。

具体的であればあるほど、いいのです。

そして、目標を毎日ノートに書き込んでみてください。

必ず目標を達成できます。

私事で恐縮ですが、私は産後、七八キロまで太ったことがあります。

これではダメだと一念発起した私は、目標を立てました。それが
「一生、九号サイズの服を着ている！」

でした。九号の服というのは、どこのブティックに行っても、サイズや色が一番豊富で、オシャレの選択の幅もひろがります。自分がスマートで美しく見られたいと女性なら誰しも思うでしょう。

この目標を毎日ノートに書きつづけて三カ月ぐらいたった頃から、徐々に効果が表れ、一年後に体重は五五キロになりました。二三キロのダイエットに成功したのです。

エステティシャンは、お客様との会話も大切な仕事の一つです。

施術しているとき、お客様とさまざまなお話をしますが、なかには
「私、こんなに太っているからもう痩せるのは諦めている」

と言う方がいらっしゃいます。

「何をおっしゃるんですか。諦めないでください。私なんて、七八キロもあったんですよ」

と言うと、ほとんどの方が
「本当ですか。私よりもヒドイですね。なんだか希望がもてそう」

とおっしゃいます。

思うにエステとは体験談による仕事なのかもしれません。自分がお肌の美容のため、努力し、試行錯誤したプロセスが、お客様にとって役に立つお話となるのです。

エステティシャンのなかには、指導や命令をしてしまう人がいます。

「昨日、会社から疲れて帰ってきて、メイク落とさずに寝てしまったの」

とお客様に言われると

「ダメじゃない。これまでの努力が水の泡じゃないですか」

と怒り出してしまう人までいます。

このような人はいつも「あなたは悪い、あなたは……」と、主語が〝あなた〟になっています。このような話し方をユー（YOU）メッセージと言います。逆に、

「わかります。私も、会社から帰るとメイク落とす気力もないんですよ」

と常に主語が〝私〟になっている話し方をアイ（I）メッセージと言います。

お客様と話すときには、つねにアイメッセージを心がけ、何でも否定しないようにすることを心がけなければなりません。

結婚と子育ての意味

結婚しない人、子どもを作らない人が増えているといいます。

最近ではほとんど聞かれませんが「人は結婚して半人前、子どもを生んで一人前」という言葉が昔はありました。

私が若い頃は、二十二〜二十三歳まででほとんどの女性が結婚していました。二十四歳を過ぎるとお局様と呼ばれ、行き遅れ感を感じたものです。

ところが現代の女性というのは、三十歳を過ぎても平気で、なかには未婚で四十歳を過ぎる人も多くいるようです。

子どもを産み、育て、家庭をきりもりしながら働いている女性と比べると、未婚女性はあらゆる面で見劣りする気がします。

考えてみてください。

あなたは誰に産んでもらったのでしょうか。

両親から産んでもらって、命をいただいたはずです。

とするならば、あなたも子どもを産んで、命を授けなければなりません。

産まないならば、もらいっぱなしということになってしまいます。

命を次の世代につないでいきましょう。

それが私たち人間の役割です。

「責任をもちたくない」から結婚しない、という人がいます。

責任ぐらいもちましょう。

仕事でも家庭でも、背負えるものは何でもどんどん背負ってください。そして「自分以外に命を投げ出してもいい」と思える対象をもってください。

そのような対象を背負ったときに、人は信じられないほどの力を発揮することができます。「自分のため」から「他人のため」に変身することができるのです。

「子育て」というのは試行錯誤の連続です。

子どもは簡単に親の言うことを聞いてくれません。

子育ての経験は、皆さんが、会社でリーダー的な地位に就いたとき、ひじょうに役に立ちます。

なぜならば、子育ての方が、大変だからです。

人を待つことができます。許すことができます。

上司として、必要な素養をすべて子育てによってもつことができるのです。

結婚していない人はぜひ、結婚をすることを目標にしてください。

若い人は結婚できるよう、男の人に選んでもらえるように自分を磨いてください。

二十歳からその基礎を作りましょう。

ぜひ、心も身体もキレイな女性になってください。

今日を変えよう、明日を変えよう

少し古い話ですが、かつて、コナーズやマッケンローとともにテニスの黄金時代を築いた名プレイヤーに、ビヨン・ボルグという人がいます。

彼は、次のような名言を残しています。

「深刻になるな。真剣になれ」

今、一見強そうに見えるけど、少しの困難で心がポキンと折れてしまう人が多くなっているような気がします。

事業が失敗した、リストラされた、就職試験に落ちた、パートナーにふられた……。

生きていれば、たくさん嫌なこともあるでしょう。

ですが、そのたびに〝深刻〟になってはいけません。深刻にならずに現在の状況を〝笑い飛ばしてしまう〟ような強さをもってください。

リストラされてもいい。

ふられてもいい。

どんなひどい状況になっても〝深刻〟にならないでください。

皆さんのなかでも、「私は今、こんなにひどい状態なんです」という人がいると思います。

ですが、本書の端々で述べたように、私に比べればたいしたことはないはずです。家族との不和や、夫の事業の失敗や、生活苦、莫大な借金——そうした苦難を乗り越えて、私の今日があります。

あなたなら大丈夫です。

最後にもう一度、あなたの今日を変え、明日を変える方法をお教えしましょう。

もうおわかりですね。

目標をもつことです。

目標をもって、ノートに毎日書いてください。

「私はすばらしい」と毎日、夜、寝る前にノートに書いてください。

泣く暇があったら、大切な人と一緒に、夢と目標を熱く語り合いましょう。

「夢や目標は、かなえるためにある」と私は思います。

〝今日までのあなた〟に別れを告げてください。

〝明日を見つめ、前進することだけを考える明るいあなた〟になってくだされば、著者としてこれ以上の喜びはありません。

おわりに

平成二十年七月三十日夜、九年間介護をつづけていた主人が、七十歳の誕生日の前日に亡くなりました。夜セミナーでお話をすることになっていたので、主人が眠りについたのを見計らって七時四十五分に家を出ました。その後、次女夫婦が主人を見てくれていましたが、咳をしてむせた瞬間に息をひきとったといいます。

十九歳で夫に出会い、二十一歳で結婚して、四三年が経っていました。

本当に破天荒な夫でした。

私がまだ十分に稼げなかったときは、家賃も払えない、電気もガスも止められる、今夜の夕食費もないという、どん底の生活がつづきました。

あるとき、取引先の方が、相談に乗ってくださることがあり、いろいろアドバイスをいただいたのですが、最後に一言「ご主人を拝みなさい」と言われました。

あまりに唐突だったので「〝私が〟ですか？」と聞き直しました。

「ご主人のなされていることは拝めないでしょう。でもご主人のなかにある命を拝むのです」

拝みようがない夫を拝む。それは夫を拝みながら、実は自分の命をも拝むことでした。その後も主人の行動に振り回される日々でしたが、あるとき読んだ本のなかに、

「人生の主人公は自分自身であり、誰かがよくならなければ自分は幸せにはなれないというのは、自分の人生ではなく、その人の奴隷である」

という一節を見つけ、心が震えました。

それからは、夫がどうあろうと、それに振り回されず、自分の人生を歩こうと決めました。

同時に、私は、なぜ自分が幸福になれないのか、考えました。

そして、多くの書物を読み、その原因をつかむことができました。

その原因は、自分の命の源である、親に対する感情にあることに気づきました。

親を憎み、反抗してきたことが、今の自分の不安を作りだしていたのです。

私は、自分の命の根っこに水や栄養をあげることを忘れていたのでした。

親は、私たちが、無条件に感謝しなければいけない存在です。

親に反抗をし、親を泣かせてきた分、世界一の親孝行をしようと決意しました。

世界一の親孝行がどういうものかは、わかりませんでしたが、そう決意しました。

そう決めてから、私の人生は音を立てて大きく変わりはじめました。

私から、若い読者の皆様への、最後のメッセージは、ぜひ、親に心から感謝をして、その気持ちをノートに書いてほしい、ということです。

親との関係が変わることにより、あなたは、自分の人生が劇的に変わることを体験するでしょう。他人から自立し、親に心から感謝できたとき、あなたは本当の美しさを手に入れることになるのです。


私は、夫が寝たきりになってからは、いつ終わるともしれない介護の日々を明るく感謝して過ごしたいと努力しました。

ときには、仕事と介護の板挟みになったこともありましたが、さまざまなことを学ぶことができました。

愛、優しさ、いたわり、思いやり、すべて私に欠けていたものばかりです。

主人は私にそのことを教えてくれたのだと気づきました。

一番損な役割をして私を導いてくれた夫に、本当につらいお役目ご苦労さまでしたと感謝の思いでいっぱいです。もう何の不足も不満もなく、九年間の介護の日々に感謝するのみです。

最後まで、お読みくださり、まことにありがとうございました。

読者の皆様が、心から美しくなることを祈り、ペンを置かせていただきます。

河村京子

DATE

.　.　.

DATE　　.　　.　　.

DATE　　.　　.　　.

著者紹介

河村京子（かわむら・きょうこ）

エステティシャン。

株式会社ラミール代表取締役。

20歳で大手化粧品メーカーに就職、販売員として全国表彰を受ける。以降50年以上、美容の世界一筋に歩む。美容関連会社の顧問、世界40カ国以上が加盟する「ヌーヴェルエステティック」の日本代表を務め、全国500店舗以上のエステティック指導を経験。現在、ラミールグループ代表として神戸・三宮元町エリア8店舗の運営にあたる。

著書に『どこまで美しく生きられますか』『もっときれいになりたい』（文星出版）。

●エステティックサロンラミール
http://www.lamyrrhe.co.jp/

新装版《しんそうばん》
「わたしはすばらしい」と毎日《まいにち》ノートに書《か》きなさい 〈検印省略〉

2019年 1 月 20 日 第 1 刷発行

著　者——河村 京子（かわむら・きょうこ）
発行者——佐藤 和夫

発行所——株式会社あさ出版
〒171-0022 東京都豊島区南池袋 2-9-9 第一池袋ホワイトビル 6F
電　話 03（3983）3225（販売）
　　　 03（3983）3227（編集）
F A X 03（3983）3226
U R L http://www.asa21.com/
E-mail info@asa21.com
振　替 00160-1-720619

印刷・製本 神谷印刷（株）
乱丁本・落丁本はお取替え致します。

facebook http://www.facebook.com/asapublishing
twitter http://twitter.com/asapublishing

ISBN978-4-86667-117-8 C0030